AF461994

BARON JOSEPH DU TEIL

UN AMATEUR D'ART AU XVe SIÈCLE

Guillaume Fillastre

ÉVÊQUE DE TOURNAI, ABBÉ DE SAINT-BERTIN
CHANCELIER DE LA TOISON D'OR

L'INTRODUCTION DE L'ART FRANÇAIS
A DUNKERQUE ET A SAINT-OMER

Avec une préface de M. Frédéric MASSON,
de l'Académie Française.

PARIS
AUGUSTE PICARD, ÉDITEUR
Librairie des Archives Nationales et de la Société de l'École des Chartes
82, RUE BONAPARTE, 82

1920

GUILLAUME FILLASTRE

⚜

L'INTRODUCTION DE L'ART FRANÇAIS

A DUNKERQUE ET A SAINT-OMER

MACON, PROTAT FRÈRES, IMPRIMEURS.

G. FILLASTRE, ABBÉ DE ST BERTIN
Offre le ms. des " Chroniques " à Philippe-le-Bon
Bibl. imp. Saint-Pétersbourg

BARON JOSEPH DU TEIL

UN AMATEUR D'ART AU XVe SIÈCLE

Guillaume Fillastre

ÉVÊQUE DE TOURNAI, ABBÉ DE SAINT-BERTIN
CHANCELIER DE LA TOISON D'OR

L'INTRODUCTION DE L'ART FRANÇAIS
A DUNKERQUE ET A SAINT-OMER

Avec une préface de M. Frédéric MASSON,
de l'Académie Française.

PARIS
AUGUSTE PICARD, ÉDITEUR
Librairie des Archives Nationales et de la Société de l'École des Chartes
82, RUE BONAPARTE, 82

1920

JOSEPH DU TEIL

Quantité d'hommes de notre temps portaient en eux, confusément, une vocation manquée que la Guerre leur a donné l'occasion de développer. Par exemple, ils eussent voulu être soldats, non pas pour jouer au soldat, et satisfaire ainsi des goûts d'uniformes somptueux, mais pour servir réellement et efficacement, pour remplir les rites de cette servitude militaire qui leur paraissaient si justement voisins de la grandeur et apparentés à la gloire. Ils entraient tardivement dans le métier, mais ils y portaient une ardeur et une volonté qui les classaient en bon rang prés des jeunes dont ils rattrapaient les années perdues. Et à combattre comme à mourir, ils ne cédaient point leurs places. — Exceptions, non pas! Ils vivaient à présent leur vraie vie, et s'y trouvaient en harmonie.

A la vérité, prés de ceux qui se sont empressés de réintégrer, fût-ce tardivement, une carrière que les circonstances les avaient empêchés de suivre, on opposerait justement les individus qui, ayant employé leur jeunesse, et même leur âge mûr, à se faire un vocabulaire militaire, à apprendre par cœur les tenues, à suivre des revues, à fonder et diriger des Sociétés belliqueuses, se sont empressés, dès que le moindre danger menaça leur ville, de mettre la France entière entre eux, et de chercher à l'abri des Pyrénées, — car les Alpes sont médiocrement sûres, — un asile où ils développassent sans être interrompus, l'audace de leurs imaginations soldatesques, et l'énergie de leurs ripostes aventureuses. Car on ne saurait croire ce qu'il s'élabora alors de plans de guerre, sur terre, sur mer et dans les airs, aussi neufs qu'imprévus et déconcertants. Mais mieux il convient de railler les ingénieux écornifleurs de la légende qui se sont ingéniés à teindre des bouts de ruban dans le sang des autres, plus haut faut-il placer ceux qui, loyalement, ont réclamé une place dans le rang; qui y ont rempli leur devoir, avec une assiduité consciencieuse; qui y ont employé toutes leurs forces et consacré toute leur énergie, et qui, le jour où ils ont dû suspendre leur effort, avec la conviction qu'il leur suffirait d'un congé pour le reprendre, étaient morts. Ah! ceux-là eussent pu à bon droit invoquer leur âge, leur santé, leurs occupations, leurs travaux commencés, et, tout au contraire, ils éprouvèrent une satisfaction profonde à penser que leur vie passée ne serait point inutile et qu'en l'offrant au pays, ils satisferaient à la fois une tradition familiale, leurs goûts personnels et leur devoir patriotique.

*
* *

Issu d'une famille ancienne du Comtat dont, à partir du XVIIe siècle, la plupart des fils entraient au service dans le Corps royal de l'Artillerie, Joseph du Teil avait compté les générations qui se succédaient dans les obscures besognes des grades inférieurs, contentes si après vingt ans elles emportaient la Croix de Saint-Louis sur leur poitrine. Il put les suivre au régiment de Bourbon, aux Fusiliers du roi (Royal artillerie) et dès lors dans les fonctions diverses et les divers emplois du Corps royal, recherchant avec soin et décrivant les campagnes de chacun d'eux, en Europe et en Asie, en Allemagne et aux Indes.

Mais la plus remarquable avait été celle où, près d'Alexis du Teil, capitaine d'artillerie, blessé à Prague et à Gandelar et mort à Pondichéry, près de Jérôme du Teil, capitaine d'artillerie, tué au siège de Madras, s'épanouissaient deux officiers généraux : Jean-Pierre, baron du Teil et Jean, chevalier du Teil. Jean-Pierre, commandant l'École d'artillerie d'Auxonne de 1779 à 1791, lieutenant général des armées du Roi en 1790, servit soixante-trois ans et, traduit devant la Commission militaire de Lyon, fut condamné à mort. « Le général du Teil l'aîné, a écrit Napoléon, qui avait été formé par lui à l'École d'Auxonne, ne partagea point l'opinion nationale; il était déjà fort âgé, mais bon Français. Il refusa cependant d'émigrer et resta à son poste... Il fut traduit au tribunal révolutionnaire et condamné à mort. Son jugement était motivé sur les retards qu'il avait mis à envoyer l'artillerie pour le siége de Toulon. C'est en vain qu'il produisit les lettres de remerciement que lui écrivait Napoléon pour le bon ordre et l'activité qu'il avait mis dans l'envoi de ces convois. »

Trente-sept années plus tard, l'Empereur mourant revisait le jugement de la Commission militaire de Lyon par ce codicile qu'il ajoutait à son testament : « Nous léguons aux fils ou petits-fils du baron du Theil, lieutenant général d'artillerie, ancien seigneur de Saint-André, qui a commandé l'École d'Auxonne avant la Révolution, la somme de cent mille francs comme souvenir de reconnaissance pour les soins que ce brave général a pris de nous, lorsque nous étions comme lieutenant et capitaine sous ses ordres. »

Le frère cadet de Jean-Pierre, Jean, maréchal de camp et inspecteur d'artillerie en 1792, général de division en 1793 et commandant l'artillerie devant Toulon, suspendu de ses fonctions le 19 janvier 1794, admis au traitement de réforme en 1798, fut réintégré dans son grade en 1799 et chargé de l'organisation des bataillons auxiliaires de la 3e division militaire à Metz ; puis Napoléon, Premier Consul, le choisit le 12 mars pour être employé à Lille ; quelques mois plus tard, il obtint d'être sur sa demande transféré à Metz comme commandant d'armes. Il resta à Metz constamment maintenu à son poste par la volonté expresse de l'Empereur jusqu'au 23 décembre 1813.

Plusieurs des fils de Jean-Pierre du Teil avaient émigré, et avaient servi à l'armée de Condé. Le fils de l'un d'eux s'attacha à l'héritier des Bourbons et joua dans ses conseils un rôle important. C'est de lui que descend Joseph du Teil et cet atavisme explique la fermeté de conviction dont la mort seule pouvait le relever.

*
* *

Élevé dans une famille où la foi religieuse s'associait étroitement à la foi politique, Joseph du Teil, après de brillantes études au collège Stanislas où il a laissé les meilleurs souvenirs, avait fait son volontariat dans un régiment d'artillerie, et il avait trouvé dans cette arme où ses ancêtres avaient acquis une renommée si haute et si pure, une sorte de tradition familiale qui l'avait enthousiasmé. Il en avait laissé mieux que la trace, l'essence même, dans son premier livre : *Une famille militaire au*

XVIIIe siècle. « Dans notre pays, disait-il à la première page, l'on a rendu, de tout temps, de pieux hommages aux soldats tombés sur le champ de bataille : ce culte, j'ai voulu le vouer à ceux de mes parents qui ont versé leur sang et exposé leur vie, afin de contribuer dans la mesure de leurs modestes et courageux services à la gloire militaire de la France. » Dés qu'il entrait au service, fût-ce comme volontaire d'un an, Joseph du Teil ne pouvait choisir un autre corps que l'artillerie ; il y rentrait chez lui ; il y trouvait un intérêt qu'il n'eût point éprouvé dans les autres armes, et qui n'eût pu lui assurer les mêmes joies. Depuis lors, il ne manqua point une des périodes, même spontanées, où il pouvait s'instruire des nouvelles manœuvres, et se tenir au courant des machines modernes ; et cela allait très bien avec les études militaires auxquelles il se plaisait.

Ainsi la conférence que, sur la demande de la Légation de France et de l'Alliance française, il alla faire à Stockholm, sur le régiment Royal-Suédois. Elle fut honorée de la présence du roi, et elle avait pour objet de balancer les efforts de propagande des ennemis de la France. En rappelant aux Suédois la longue fraternité d'armes que n'ont pu briser les procédés employés depuis un siècle pour relier la Suède aux Empires centraux, et ménager à ses souverains leur entrée dans la « famille des rois », le baron

Joseph du Teil faisait œuvre de patriote, et l'accueil qu'il reçut de la colonie française et des Suédois traditionalistes, lui prouva qu'il avait touché juste.

A la vérité, on eût pu croire que c'était là pour Joseph du Teil une sorte de délassement. Partagé entre des études par lesquelles il cherchait à modérer la douleur d'une perte cruelle, il avait abordé presque en même temps des sujets qui eussent à un observateur superficiel, paru sans relation les uns aux autres et que rattachaient pourtant étroitement les emplois divers de sa vie. N'était-ce pas son origine et sa résidence flamandes qui l'avaient amené, presque en même temps, à écrire une étude sur *Le czar à Dunkerque*, et l'histoire du *Village de Saint-Momelin*, à accepter, avec la mairie de sa commune, la présidence du Syndicat agricole du canton de Bourbourg, et celle du Concours hippique de Dunkerque-Malo, et n'était-il point permis à ses amis d'espérer que, pour son intelligente initiative et sa haute droiture, il serait bientôt appelé à mettre à l'épreuve, sur un théâtre plus digne de ses efforts, sa foi religieuse, son intelligence politique et son ardeur sociale? N'était-ce point à ses relations intimes avec un nonce du Pape devenu l'un des cardinaux les plus éminents du sacré Collège, qu'il avait dû de précieuses indications sur une période mal connue encore de l'histoire politico-religieuse? Le livre qui en sortit : *Rome, Naples et le Directoire*, renferme, avec des documents de premier ordre, des vues d'une clarté remarquable sur les relations de l'Eglise et de l'État. De même, sur les origines de la Séparation et sur les tractations qui l'ont accompagnée, Joseph du Teil, puisant aux mêmes sources, avait, sous le titre : *Le mensonge historique*, formulé d'une façon définitive les raisons ostensibles et les mobiles secrets de cette étrange mesure de gouvernement. L'on a pu écrire que, « pour la première fois, on trouverait aux pièces justificatives, le dossier complet de l'affaire, tel qu'un Livre jaune aurait dû le faire connaître ».

Porte-parole de la Papauté il fut affirmé tel par la croix de Commandeur de Pie IX.

Depuis que le cardinal Lavigerie avait fondé la Société anti-esclavagiste, Joseph du Teil en était devenu secrétaire général. Il demeura dans ce poste de haute confiance, où en réalité il jouait le rôle de directeur avec le cardinal Perraud, le vice-amiral Lafont et M. Georges Picot. A la mort de celui-ci il vint offrir la présidence à M. Le Myre de Villers dont il devint le collaborateur intime. M. Le Myre qui portait à l'œuvre une activité et un dévouement dont, durant la guerre, on put apprécier les fruits, marquait à son jeune collaborateur une affectueuse confiance.

Déjà, comme secrétaire général, les deux ouvrages qu'il

avait publiés : *l'Anti-esclavagisme en Afrique ; l'Anti-esclavagisme aux Colonies*, avaient prouvé sa compétence et affirmé l'influence qu'il devait exercer sur toutes ces questions. Il fut, a-t-on pu écrire, l'âme de la Commission de propagande anti-alcoolique coloniale et ses rapports internationaux, a t-on ajouté, étaient des documents de premier ordre. Enfin il avait accepté la direction de l'Exposition ouverte en 1900 à Paris par les Missions catholiques françaises, où, avec un goût exceptionnel et un esprit d'organisation remarquable, il avait assuré l'aménagement du pavillon réservé au Comité.

Toutes ces œuvres chrétiennes ne suffisaient pas à épuiser son activité. Le mariage qu'il avait contracté avec Mlle Marie Chaix d'Est-Ange, l'avait introduit dans un milieu où l'art était l'objet, depuis deux générations pour le moins, d'un attrait irrésistible. En un temps où la mode ne dirigeait pas exclusivement les amateurs et où l'initiative personnelle s'exerçait dans la découverte et le choix des chefs-d'œuvre, Chaix d'Est-Ange, le grand orateur, l'illustre avocat, le ministre écouté de Napoléon III, avait ainsi formé une collection des plus importantes, où, à côté d'œuvres de Memling, de Pourbus, de Léonard de Vinci, de Michel-Ange, de Van Dyck, de Murillo, d'Holbein, d'Hobbéma, de Mignard, de Philippe de Champagne, se trouvaient réunis près des plus convaincants morceaux de

Greuze, de La Tour, de Lépicié et de Prud'hon, une suite unique de tableaux de Boilly, montrant sous toutes ses faces le talent du peintre français le plus adroit, le plus inventif et le plus expéditif. Joseph du Teil avait trop de goût pour les arts, il était trop enclin à en apprécier les manifestations, il trouvait dans sa famille des amateurs trop avertis et trop justement réputés, pour négliger l'étude qui s'offrait à lui, sous l'agrément d'une habituelle fréquentation. Dans ce palais où avaient trouvé place des toiles aussi importantes que *La Justice et la Vengeance divine poursuivant le Crime* de Prud'hon, que le *Christ* de Van Dyck, que le *Richelieu* de Philippe de Champagne, il s'instruisait et se passionnait à chaque instant et se sentait attiré tantôt par une étude d'ensemble sur les Boilly de la collection, tantôt par la comparaison du portrait de Michel-Ange avec toutes les effigies que le peintre a laissées de lui-même. Dans une suite de lectures à la Société des Antiquaires de France dont il était un des membres les plus écoutés, il avait établi les caractéristiques de ces représentations, il les avait classées, comparées, mises en ordre avec la méthode d'un élève de l'École des Chartes et le sens artistique d'un amateur éclairé. Il en forma un volume intitulé : *Essai sur quelques portraits peints par Michel-Ange Buonarotti*, dont la copieuse illustration documentaire confirme à chaque page la démonstration scientifique.

Joseph du Teil avait de même entrepris des études sur les précieux monuments de céramique importés d'Italie en Flandre par Guillaume Fillastre, évêque de Tournai. Il avait, avec une joie passionnée, recherché et retrouvé ces reliques dispersées, et il en avait dressé l'inventaire qu'il pensait publier quand la Guerre éclata. C'est de ces pages posthumes qu'une piété inconsolable a entrepris la publication.

Outre la notable étude sur Guillaume Fillastre, où sa filiation est pour la première fois nettement établie, et où sa carrière est éclairée par des pièces d'archives, Joseph du Teil a relevé les manuscrits qui proviennent de sa bibliothèque, ou qui ont été soit rédigés par lui, soit écrits par ses ordres. Il a établi un état circonstancié des œuvres d'art que son héros avait offertes à l'abbaye de Saint-Bertin, aux cathédrales de Tournai et de Toul, il a fourni ensuite ses hypothèses concernant l'attribution vraisemblable du fameux retable de Saint-Bertin, dont les volets sont aujourd'hui dispersés en tant de musées. Enfin, il a identifié les orfèvreries, les tapisseries, dont quelques fragments sont conservés au Musée de Saint-Omer, surtout le Mausolée exécuté à Florence dans l'atelier des Della Robbia, et dont quatre fragments importants subsistent dans des musées ou des églises de la région. Joseph du Teil en essaie une reconstitution dont il est impossible de méconnaître l'intérêt.

Dans le même volume prendra place un article de même caractère : *L'introduction de l'art français à Dunkerque et à Saint-Omer*, où l'auteur revendique pour la Flandre l'illustre famille des Caffieri et montre la magnifique succession de leurs œuvres. Mais il avait réuni sur les Caffieri des notes très nombreuses qui, s'il n'avait point eu le loisir de les rédiger, ne seront pas perdues.

Tels étaient les travaux auxquels s'employait, — peut-être faut-il dire, se dispersait, — Joseph du Teil lorsque la guerre éclata. Il eût souhaité un commandement au front, mais son ancien colonel, qui faisait partie du cabinet du ministre de la Guerre, le fit appeler et lui annonça qu'il l'avait fait mettre sous ses ordres. Joseph du Teil, promu bientôt chef d'escadron, fit partie ainsi du cabinet de M. Millerand. Il avait toutes les qualités requises pour de telles fonctions : grand, mince, bien découplé, la figure énergique barrée par une large et fine moustache fauve, il portait l'uniforme avec une remarquable aisance et, à ses qualités d'officier, il joignait la tenue et les discours d'un homme du monde. Il montrait dans les relations auxquelles il se trouvait obligé, une courtoisie qui l'eût distingué en toute circonstance, et qui lui assura dans ce milieu un rang à part. Lors de la démission de M. Millerand, il se hâta de réclamer un emploi plus actif et il l'obtint à la fin.

Nommé à l'État-Major du 5e Corps, il gagna rapidement l'estime et la confiance du général commandant. Il ne se contentait pas de faire son devoir, il voulait faire plus et mieux, et ne cessait de rechercher les moindres occasions d'être envoyé dans les secteurs en liaison avec les troupes de première ligne. Il eût considéré comme un déshonneur de se ménager, et, oubliant l'âge que lui donnait son extrait de naissance, pour celui qu'accusait son apparence physique, il eût voulu être employé comme un jeune homme aux besognes les plus rudes, exigeant le plus d'active robustesse. Surmené, refusant de se soigner, car il eût fallu quitter son service, il dut un jour subir un congé de convalescence que son général para de cette noble citation : « Bien que dégagé de toute obligation militaire, a été affecté, sur sa demande, à une unité du front, où, pendant prés d'un an, il s'est dépensé sans compter dans l'exécution de missions les plus délicates, et de nombreuses reconnaissances dans un secteur particulièrement actif, jusqu'au moment où, arrivé à la limite de ses forces, il a été contraint à un repos momentané que ses chefs ont été obligés de lui imposer. »

C'était là son oraison funèbre, car, sans avoir retrouvé ses forces, il mourut quelques mois plus tard, le 21 janvier 1918, sans avoir vu la victoire à laquelle il avait consacré sa vie. Au moins avait-il eu la joie de combattre, de porter sur le front une épée qui n'avait point été inutile, la joie de vivre, fût-ce quelques jours et, en expiant ces jours par sa mort, de cette vie surnaturelle, dans la compagnie des héros et des saints.

S'il est permis de regretter que, en dispersant ses travaux sur tant de sujets, Joseph du Teil n'ait point laissé une œuvre représentative de son intelligence, au moins a-t-il affirmé, par ses divers travaux, les côtés divers de ses croyances : traditionaliste, catholique, patriote, il avait prouvé par des actes qu'il aimait autant sa petite patrie que la grande, et si, à l'une il a réservé le meilleur de son esprit, à l'autre, il a donné sa vie.

Frédéric Masson.

CHAPITRE PREMIER

BIOGRAPHIE

Naissance de Guillaume Fillastre. — Les Fillastre, du Maine. — Le Cardinal de Saint-Marc. — Légitimation de Guillaume Fillastre. — Le prieuré de Sermaize. — L'abbaye de Saint-Thierry de Reims. — Les Évêchés de Verdun et de Toul. — L'abbaye de Saint-Bertin. — L'Évêché de Tournai. — Guillaume Fillastre, secrétaire et conseiller du duc de Bourgogne. — Missions dont il est chargé en cette qualité. — Guillaume Fillastre, chancelier de la Toison d'Or. — Chapitres de l'Ordre à Saint-Omer, Bruges et Valenciennes. — Mort de Guillaume Fillastre.

L'un des plus curieux et des plus intéressants personnages de la Cour des ducs de Bourgogne au xve siècle, est assurément Guillaume Fillastre qui mourut à Gand le 21 août 1473, étant évêque de Tournai, abbé de Saint-Bertin à Saint-Omer, et chancelier de l'Ordre de la Toison d'Or.

Un mystère plane sur sa naissance. La *Gallia Christiana* le dit né, vers 1400, dans le Maine, dont son père avait le gouvernement[1]. C'est en faire le fils d'Étienne Fillastre, chevalier, seigneur d'Huillé, près Durtal, et le neveu de Guillaume, né à la Suze, vers 1347, doyen en 1392 du chapitre de Reims

1. T. IX, p. 193.

où il avait enseigné la théologie et les mathématiques, conseiller de Louis fils de France [1], député à l'assemblée générale du Clergé en 1406, abbé d'Hautvillers, et cardinal du titre de Saint-Marc en 1411, l'un des principaux électeurs de Martin V en 1417, archevêque d'Aix en 1420, évêque de Saint-Pons en 1422, mort à Rome à l'âge de quatre-vingts ans, le 6 novembre 1428, et enseveli à Saint-Chrysogone du Janicule où l'on voyait son épitaphe [2].

Malheureusement cette filiation est contredite par les généalogistes qui ne donnent à Étienne Fillastre, époux de Guillemette Le Maczon, baronne de Trèves et d'Anvers, sœur unique et héritière du chancelier de France Robert Le Maczon, que deux filles : Roberte, baronne de Trèves et d'Huillé, mariée à Jean de Montecler, chevalier, et Jeanne, dame d'Anvers, alliée à Laurent Le Maczon, seigneur de la Motte d'Attaise [3].

Faut-il conclure de là, avec M. de Laplane [4], que l'abbé de Saint-Bertin n'avait rien de commun avec le Cardinal ? C'est ce qu'a fait M. Hauréau [5] : « On le dit, prétend-il, neveu et

1. Bibliothèque Nationale, Cabinet des Titres, dossier 26.247,2.

2. *Gallia Christiana*, IX, 133, 256. — *Dictionnaire de Moreri* : « Sepulcrum Guillelmi tituli Sancti Marci, presbyteri Cardinalis, ministri Ecclesiae Sancti Chrysogoni, olim decani Rhemensis, juris utriusque doctoris... Obiit anno domini 1428, die vero 6 novemb., ætat. LXXX. »

3. Voir le Père Anselme. Bibliothèque Nationale, Cabinet des Titres, Dossiers Bleus, vol. 270.

4. *Les Abbés de Saint-Bertin*, t. II, p. 7, note ; et surtout p. 26. — « Il passait, dit M. de Laplane, pour fils naturel de Philippe le Bon. » Cette filiation est impossible, le duc et son familier étant contemporains.

5. *Histoire littéraire du Maine*, t. IV, p. 219, note.

filleul du Cardinal de Saint-Marc. Ce sont là des conjectures qui ne sont nullement justifiées. Reçu docteur à Louvain, il passe toute sa vie dans les Pays-Bas. On peut donc supposer qu'il était flamand. »

D'autre part, Georges Chastellain, dans ses *Chroniques*[1], l'a dit lorrain, sans doute parce qu'il occupa en Lorraine deux sièges épiscopaux.

Enfin Foppens et André Valère, dans la *Bibliotheca Belgica*[2], et, après eux, Dom de Witte, dans son Cartulaire manuscrit de Saint-Bertin, voient en lui un Bourguignon[3].

L'auteur qui a serré de plus près la vérité est Dom Wassebourg, qui écrivait en 1549. Il le dit fils d'un abbé et d'une religieuse, suivant une tradition à lui transmise par le doyen de Sainte-Madeleine de Verdun, dont l'aïeule était la sœur de Guillaume. Cette assertion est malheureusement confirmée par un texte authentique, le bref de légitimation que notre personnage reçut du pape Martin V, le 24 octobre 1426, lorsqu'il fut nommé prieur de Sermaize, et dans lequel il est dit : *de presbytero et moniali ordinem Sancti Benedicti expresse professa genitus...*

Cette découverte, faite récemment dans les archives du Vatican[4], par M. l'abbé Dubrulle, chapelain de Saint-Louis-des-

1. *Chroniques*, éditées par Kervyn de Lettenhove, III, 333.
2. T. I, p. 402.
3. Bibliothèque de Saint-Omer.
4. R. L. 258, fol. 226 v° ; — et aussi Pii II, reg. 503, fol. 313 v°. — Voir *Bullaire de la Province de Reims* sous le Pontificat de Pie II, par l'abbé Henry Dubrulle ; Lille, 1905, in-8, p. 87.

Français à Rome, ne tranche pourtant pas la question ; car, au lieu du nom patronymique de Fillastre, l'on y rencontre celui de *Galesii* (ou *Galloisi*) que Guillaume semble n'avoir jamais porté depuis, pas plus qu'il ne prit d'ailleurs officiellement celui de Fillastre. Il importe de noter cependant que Dom Plancher, religieux bénédictin, parlant dans son *Histoire générale et particulière de Bourgogne* [1] de l'élévation de Guillaume au siège de Tournai, le nomme *Phalesius*, corruption évidente du mot *Galesius*.

L'évêque de Tournai ne fit faire aucune mention de son origine dans les lettres de légitimation qu'il obtint en septembre 1461 de Louis XI [2] et du duc Philippe le Bon [3]. Dans ces pièces, on le dit simplement issu *de couple illicite et défendue*, le dispensant « de faire aultre déclaracion ou spécificacion de ses père et mère, desquelz nous sommes assez advertiz, et dont, pour certaines causes à ce nous mouvans, nous ne voulons aultre déclaracion estre faicte ».

Ce qui est plus singulier encore, c'est que les descendants de sa sœur, ou de l'une de ses sœurs, Jeanne, mariée à Verdun à Mille de Failly, ignorèrent longtemps son nom, ainsi que le prouve la note que voici, adressée à un généalogiste des Pays-Bas par son arrière-petit-neveu [4] :

1. T. IV, p. 301.
2. Archives Nationales, Codex 198, Charte CC.XXII.
3. Archives du Nord, Chambre des Comptes de Lille ; art. B. 1608 ; 13ᵉ registre des Chartes, fol. 47 vᵒ et 48.
4. Bibliothèque Nationale, Cabinet des Titres, Dossiers Bleus, vol. 259, fᵒ 28.

« Le seigneur de Bernissart à présent trouve, en ses escriptures vielles, que Messire Guillaume de Failly, chevalier, seigneur de Rechicourt et de Bernissart, avoit esté escuier descurie du ducq Charles. Mais il ne set pas bien appeler de la mère dicelluy. Touteffois en aulcuns escrips il luy samble quelle se debvoit nomer de Marson, par quoy désiroit savoir son nom et surnom, et ses armes. Il y avoit ung evesque de Verdun et evesque de Tournay, lequel nescript pas en ses lettres son surnom ; ne say s'il seroit frère à ceste dame de Marson, à raison, comme mon père en parloit aucune fois, estoit son grant oncle, portoit en ses armes des testes de serf dor dans un camp de gueulle. Mesme icelluy evesque achetit la terre et seigneurie de Bernissart en l'an 1464, et le donit en mariage à Messire Guillaume de Failly mon grant père, et depuis avons habitté en ces païs [1]. »

Ce sont les armes qui trahissent la filiation de l'évêque de Tournai et de sa sœur. Ils portaient le même blason que les Fillastre du Maine. Et, si l'on ajoute à cela que notre personnage prit, dès son enfance l'habit religieux dans l'abbaye de Saint-Pierre, à Châlons-sur-Marne, bien près de Reims, qu'il fut pourvu dès le 24 octobre 1426, du prieuré de Sermaize, au duché de Bar, possédé avant 1422 [2] par le cardinal Fillastre, qu'il fut nommé en 1432 [3] abbé de Saint-Thierry de Reims, enfin qu'il se disait, en 1436, conseiller des rois de France et

1. Au revers : Messire Guillaume de Failly, fils de Mille.

2. Échange du 3 juin 1422. Archives du Vatican, R. L. 521, fol. 174. Communication de M. l'abbé Dubrulle.

3. *Gallia Christiana*, IX, 193. — Bulle du pape Eugène IV ; Regis. Later. 306,

de Sicile, il est impossible de ne pas voir en lui un bâtard du doyen de Reims, ancien serviteur de la maison d'Anjou et ancien conseiller de Louis fils de France, d'autant qu'Antoine Le Corvaisier [1], dans son *Histoire des Évesques du Mans*, nous dit de lui : « Je sçay que beaucoup de personnes blasment dans ce prince de l'Eglise un naturel trop enclin à l'amour des femmes, et l'accusent de s'estre laissé trop souvent emporter à cette tentation et d'avoir longtemps versé dans une incontinence scandaleuse; mais, puisque l'homme ne peut estre parfait, il ne faut pas s'étonner si les advantages qu'il possède sont ordinairement melez et accompagnez de quelques défauts. »

Moins indulgent que l'historiographe de l'évêché du Mans, le chancelier de la Toison d'Or, dont les mœurs furent d'ailleurs toujours irréprochables, crut devoir, par respect pour la mémoire du Cardinal, soigneusement dissimuler la tare glorieuse de sa naissance ; mais il ne sut pas résister à la tentation de porter son blason lorsqu'il devint dignitaire d'un ordre très noble. Il écartelait, il est vrai, les armes des Fillastre d'un écu qu'il ne nous a pas été possible d'identifier, et qui devait être celui de la famille de sa mère [2].

f°s 63 à 65, 1er jour des calendes d'octobre 1431. Communication de M. l'abbé Dubrulle.

1. Antoine Le Corvaisier, *Histoire des Evesques du Mans*, Paris, Cramoisy, 1648, in-4, p. 719.

2. Écartelé : de gueules à la tête de cerf d'or, à la bordure engreslée du même ; et d'argent au chevron de gueules accompagné de trois merlettes du même.

*
* *

Il naquit dans le Royaume de France, disent ses lettres de légitimation [1], en Champagne sans doute ; et, « dès le temps de son enfance, il fut ordonné et réduit religieux de l'Ordre de Monseigneur Saint Benoist, et depuis mis aux estudes où il s'est honnestement maintenu et gouverné ». Ses premières études avaient été faites à Rome, où l'avait emmené avec lui le Cardinal ; et, en quittant la Ville Éternelle, le jeune religieux bénédictin y avait laissé de précieuses amitiés, notamment celle de Thomas de Sarzane, son condisciple, — *conscholasticus*, — élu Souverain Pontife, en 1447, sous le nom de Nicolas V. Prieur de Sermaize en 1426, par faveur spéciale du pape Martin V redevable en partie de son élection au Cardinal Fillastre, il fut pourvu de l'abbaye de Saint-Thierry de Reims en 1432 [2], du vivant de Foulques de Rochechouart, mort le XVe jour des calendes d'août 1436 ; et y fut remplacé en 1437 par Rémi de Hoquedé.

Le premier protecteur de Guillaume Fillastre semble avoir été le Cardinal de Bar, évêque de Langres, Châlons et Verdun, ami intime du Cardinal de Saint-Marc avec lequel il s'était rendu à Rome en 1409 [3], en compagnie de Mathieu de Roye, archevêque de Reims, — tué en chemin, près de Gênes [4] —,

1. Archives Nationales, loc. cit.
2. *Gallia Christiana*, t. IX, c. 193.
3. *Gallia Christiana*, t. IX, c. 133.
4. Le VIe jour des ides de juin 1409.

de Pierre d'Ailly, évêque de Cambrai, depuis Cardinal du titre de Saint-Chrysogone, et de Jean Gerson, chancelier de l'Université de Paris. En mourant à Varennes, près Reims, en 1430, il dut léguer son jeune familier à son neveu René d'Anjou, en faveur duquel il s'était démis, dès 1419, du duché de Bar, et pour qui le nom de Fillastre ne pouvait pas être inconnu. Quoi qu'il en soit, Guillaume s'intitulait encore, en 1436, secrétaire ou chancelier du roi de Sicile [1]. Mais ce titre ne pouvait être alors que simplement honorifique.

En effet, l'abbé de Saint-Thierry avait dû quitter le service de la Maison d'Anjou avant l'époque où, pour obtenir en quelque sorte droit de cité dans les États de la Maison de Bourgogne, il prit ses grades universitaires à Louvain [2]. Or, il y passa sa licence le 14 janvier 1436, et son doctorat en droit Canon peu après. Mais comment fut-il amené à changer ainsi de Cour ?

Le 3 mars 1431, il avait été chargé auprès d'Eugène IV, à Bâle, d'une importante mission [3] relative à la succession de Lorraine, qu'Antoine de Vaudémont, frère puîné du duc Charles, disputait, comme fief masculin, au gendre de ce prince, René d'Anjou. Celui-ci eut pour lui le Pape et l'Empereur Sigismond ; mais les armes se tournèrent contre lui, et son compétiteur le battit à Bulgnéville, aidé de Philippe le Bon qui amena le vaincu prisonnier à Dijon. Ce fut là sans

1. *Gallia Christiana*, t. IX, c. 193.
2. Foppens, *Bibliotheca Belgica*, I, p. 402.
3. *Gallia Christiana*, XIII, c. 1233.

doute que le duc de Bourgogne apprécia les hautes qualités de Guillaume Fillastre, et réussit à se l'attacher quand son précédent maître partit pour Naples.

*
* *

A dater de ce moment, la fortune de Guillaume prend un essor rapide. Désigné pour l'évêché de Verdun, en 1437 [1], vivement recommandé par le Saint Père au Chapitre de cette ville, dans une lettre élogieuse datée de Bologne, il entre en possession de ce siège le 1er novembre de cette même année. Peu après, le 29 juin 1447 [2], il est nommé abbé commendataire de Saint-Bertin, où il a pour concurrent Jean de Médon élu par le monastère; mais il est confirmé par le Pape, le 1er avril 1448, dans la possession de l'abbaye; il passe avec son rival une transaction approuvée à Rome, le 26 mars 1451, et est enfin installé comme abbé régulier en avril suivant, en présence du duc et de la duchesse de Bourgogne.

Entre temps, il échange avec Louis de Haraucourt, en 1448 [3], l'évêché de Verdun contre celui de Toul où il fut longtemps en butte aux adversaires de la maison de Bourgogne. Ces difficultés l'amenèrent à négocier, du consentement du pape Pie II et du Chapitre de Tournai, une permutation avec Jean

1. *Gallia Christiana*, XIII, c. 1233; *Histoire ecclésiastique et civile de Verdun*, par l'abbé Roussel, publiée par Le Beuf, Paris, 1745, 1 vol. in-4.
2. Voir de Laplane, *Les abbés de Saint-Bertin*, II, p. 5 à 30.
3. *Gallia Christiana*, XIII, c. 1038.

Chevrot, précédemment évêque de Toul. A la mort de ce dernier, survenue avant la régularisation de cet échange, de très vives compétitions se produisirent pour le siège de Tournai que l'on croyait vacant. Charles VII, qui eût voulu y promouvoir le Cardinal Richard Olivier, évêque de Coutances, fit longtemps obstacle à l'installation de Guillaume, comme le prouvent des lettres royaux données à Maupas le 26 octobre 1460, et signées de Reilhac, chargeant messire Colart de Moÿ et maître Guillaume de Vic, conseiller du Parlement, d'aller faire au Chapitre intéressé des remontrances de la part du prince [1]. L'avènement de Louis XI apaisa ces troubles [2]. Guillaume, après avoir assisté au sacre du nouveau roi, lui prêta serment de fidélité pour le temporel en qualité d'évêque de Tournai, en l'abbaye de Saint-Thierry de Reims, le 17 août 1461, et fit son entrée dans sa nouvelle ville épiscopale avec le duc de Bourgogne le 23 novembre suivant.

Pendant ce temps, Guillaume Fillastre se faisait également une brillante carrière à la cour de la Maison de Bourgogne.

1. Archives de l'évêché de Tournai, aux Archives du Hainaut, à Mons, layette n° 5. — Le 9 juillet 1463, les vicaires généraux de l'archevêché de Reims reconnurent avoir reçu de Guillaume une chappe qu'il devait leur remettre selon l'ancien usage lorsqu'il fut nommé évêque de Tournai (Ibid.).

2. A la mort de Charles VII, 22 juillet 1461. Comme abbé de Saint-Bertin, Guillaume avait reçu à Saint-Omer, le 2 décembre 1450, le Dauphin Louis qui s'en souvint dix ans plus tard.

D'abord l'un des premiers professeurs de l'Université de Louvain, et secrétaire du duc, il devint, en 1456, conseiller commis aux finances ; en 1460, chancelier de la Toison d'Or ; en 1463, premier conseiller au Conseil privé ; enfin, en 1471, chef du Conseil privé, avec droit de le présider en l'absence du chancelier Hugonet [1]. Cet avancement était d'ailleurs pleinement justifié par les services éminents qu'il rendit à Philippe le Bon et à son fils, au cours des missions de confiance dont il fut chargé par eux.

C'est ainsi qu'il intervint en 1442 dans le règlement à Bruxelles des détails de la cession du duché de Luxembourg et du comté de Chiny, faite le 11 janvier au profit du duc de Bourgogne, par sa tante Élisabeth de Gorlitz, duchesse de Bavière [2]. Cette même année, et le 4 février, il signa le contrat, d'ailleurs sans effet, du comte de Nevers avec Marguerite, fille du duc René [3].

L'année suivante, le duc l'envoya, avec le seigneur de Ternant, à Compiègne auprès du Dauphin, afin de lui demander d'empêcher ses gens de fourrager les pays de la Maison de Bourgogne [4]. Lorsqu'en 1444, il fut question du mariage de

1. Bibliothèque Royale à Bruxelles, ms. 21.050, fol. 81.

2. Mémoires de La Marche, t. II, p. 6, note ; — Archives de la Côte-d'Or, B. 1047 ; — Publications de l'Institut royal et grand-ducal de Luxembourg, t. XXVIII, p. 56 sq.

3. *Histoire ecclésiastique et civile de Verdun*, par l'abbé Roussel, in-4.

4. Jehan de Wavrin, t. I, p. 336 ; — Enguerran de Monstrelet, t. VI, p. 81.

Yolande, fille de René, avec Frédéric, comte de Vaudémont, son cousin issu de germain, le protégé de Philippe le Bon, Guillaume, fut député à Rome pour obtenir d'Eugène IV la dispense nécessaire [1].

Il accompagna, en mai 1445, la duchesse à Châlons, lorsqu'elle s'y rendit pour négocier avec le roi et la reine, emmenant, outre l'évêque de Verdun, « Maistre Phelippe Maugart chevallier en loys, avec gens de grant auctorité [2] ». Au mois de juillet qui suivit, il obtint de Henri VI d'Angleterre, avec l'abbé de Everbode et le bâtard de Saint-Pol, un sauf-conduit pour se rendre à la convention qui devait se tenir avec les ambassadeurs de France [3]. Enfin, le 11 décembre 1445, à la solennité de l'Ordre de la Toison d'Or qui eut lieu à Gand, « l'offerande achevée et faicte, l'evesque de Verdun, qui deppuys fut chancellier de l'Ordre, fit ung sermon où fut ramentue la cause de la fondacion d'icelluy noble Ordre, et dont l'intencion singulière fut pour le remède et l'ayde de l'Eglise et de la saincte foy chrestienne, et aussi ce que les chevaliers debvoient, et [en quoy] ils estoient obligés envers Dieu et la chose publique plus que ceulx de moindre estat, de l'amour et union qui debvoit estre en eulx, de la loyauté qu'ils debvoient porter à leur chief, et leur chief à eulx, et moult d'aultres belles et notables choses qui trop longues me seroient a escripre » [4].

1. *Histoire ecclésiastique et civile de Verdun.*
2. Mathieu d'Escouchy, t. I, p. 46.
3. Ibid., t. III, p. 148, d'après Rymer, t. V, p. 143.
4. La Marche, t. II, p. 92.

Ce fut sans doute ce discours qui le désigna pour la chancellerie de l'Ordre, qui lui fut confiée douze ans plus tard.

Les comptes de l'abbaye de Saint-Bertin nous apprennent encore que Guillaume fit, en 1448, un voyage à Rome où il se trouvait le 2 mars, car Geoffroy de Luxeuil, évêque d'Arras, y adressa ce jour-là, en sa présence, à Nicolas V, un discours dont le texte est conservé à la bibliothèque de Saint-Omer [1]. Son absence dura cent cinquante-neuf jours. Il avait emmené avec lui deux frères du monastère et quatorze chevaux de sa maison, dépensant sept livres par jour, de sorte que les frais se montèrent à neuf cent cinquante-quatre livres [2], sans compter une somme de deux cent cinquante livres versée d'autre part [3]. En rentrant, l'abbé se rendit à son évêché [4], et, l'année suivante, il alla passer six semaines à Bruges auprès du duc de Bourgogne [5] qui l'appela encore en Hainaut, à Lille, à Bruges, à Furnes et dans d'autres villes de Flandre [6], en 1450 et 1451.

Guillaume fit, vers 1451, une absence de onze mois pour aller trouver le Pape et l'Empereur [7]. Il s'agissait d'apaiser les

1. Manuscrit n° 1.
2. Archives du Pas-de-Calais, fonds de Saint-Bertin, t. 78, année 1448-1449.
3. Ibid., t. 77, fol. 114; année 1448-1449.
4. Vol. 77, fol. 166; frais L. x. lib., année 1448-1449.
5. Vol. 78, frais: II^{c} lib., année 1449-1450. — On sait que le huitième Chapitre de la Toison d'Or eut lieu à Mons, en Hainaut, en 1451.
6. Vol. 77, fol. 193 v°; 1451-1452.
7. Vol. 78, année 1452-1453.

difficultés à lui créées par les bourgeois de Toul, soutenus par René d'Anjou et le duc de Calabre, qui sans doute, ne pardonnaient pas à l'évêque sa défection. Il gagna sa cause auprès de Frédéric III, à Vienne, où les députés de sa ville épiscopale durent lui demander publiquement pardon, le 30 avril 1451 [1].

De 1453 à 1454, l'abbé de Saint-Bertin dépense huit cent trente-six livres, en compagnie du duc de Bourgogne, à Lille, à Bruges et ailleurs, et enfin à Francfort [2], où il dut sans doute se rencontrer avec le secrétaire de Frédéric III, Énée-Sylvio-Bartolomeo Piccolomini, depuis Pape sous le nom de Pie II.

En 1454, Guillaume Fillastre se trouve intimement mêlé au projet de croisade contre les Turcs, formé par le duc de Bourgogne. On sait que cette expédition, qui ne fut jamais accomplie, avait été décidée en principe au célèbre banquet qui eut lieu à Lille, le 17 février 1453, et qui dépassa en magnificence toutes les fêtes antérieures du même genre.

Le serment en fut prêté au principal entremets, quand le roy d'armes, accompagné de deux demoiselles, dont l'une était la fille naturelle du duc, s'approcha de Philippe le Bon, et, après une grande révérence, lui dit que la coutume des grands festins étant d'offrir aux princes et gentilshommes un paon, ou

1. *Histoire ecclésiastique et politique de la ville et du diocèse de Toul*, par le R. P. Benoît. Toul, 1707, in-4.

2. Archives du Pas-de-Calais, vol. 78, année 1453-1454. D'autres comptes, vol. 77, fol. 207 v°, attribuent d'une part, IIII^{xx} XVII l. X s., et d'autre part C l. XIII s. aux frais de la même ambassade.

quelque oiseau noble, il venait présenter à sa valeur un faisan vivant orné d'un collier d'or avec pierreries. Le duc, pour réponse à cette proposition, donna un billet écrit de sa main qu'il fit lire tout haut. Il y vouait que, si le roi de France son seigneur, ou quelques autres princes chrétiens, voulaient le suivre, il les accompagnerait, et qu'il combattrait même le sultan corps à corps, si celui-ci voulait y consentir. Presque tout ce qu'il y avait là de princes et de grands seigneurs voua sur l'oiseau des prouesses extravagantes [1].

Quant à l'évêque de Toul, pour complaire à son maître, il donna tout de suite l'exemple, et dépensa trois cent trente et une livres [2] en armes, arcs, flèches et instruments de guerre en vue de cette expédition. Cette question l'absorba même tellement de 1454 à 1458 qu'il passa quatre années consécutives constamment absent de son monastère [3].

Quelque temps plus tard l'abbé de Saint-Bertin, devenu évêque de Tournai, va à Rome, en 1463, pour demander au Pape de le relever lui et son maître du vœu qu'ils avaient fait d'accomplir ce voyage d'outre mer, ce qu'il obtint à la condition que le duc fournirait à l'expédition six mille hommes et des subsides considérables.

Celui-ci, dont l'enthousiasme s'était fort attiédi, quand il s'agit de passer du vœu à l'exécution, prétextait les négociations de paix ou trêve alors en cours entre la France et l'An-

1. Olivier de la Marche, Ire partie, chap. XXIX.
2. Vol. 78, année 1454-1455.
3. Ibid., années 1454-1455, 1455-1456, 1456-1457 et 1457-1458.

gleterre. On sait d'ailleurs que l'expédition ne put avoir lieu par suite de la mort du Pape, survenue à Ancône le 14 août 1464, au moment où il allait s'embarquer.

En 1461, Guillaume Fillastre, qui venait d'être nommé chancelier de la Toison d'Or, obtint que le dixième Chapitre de cet Ordre se tînt les 2, 3 et 4 mai, à Saint-Omer, en l'abbaye de Saint-Bertin où eurent lieu des fêtes splendides.

Trois ans après, le nouvel évêque de Tournai est chargé de plusieurs missions par le duc de Bourgogne. Avec l'abbé de Cîteaux, il se rend à Gand [1], pour exhorter le comte de Charolais à la soumission. Jacques du Clercq a conservé, dans ses mémoires, le sens du discours que Fillastre tint au prince : « L'evesque de Tournay se jetta à genoulx devant lui et feit des belles remontrances servantes à ce propos ; mais le laissa ledit comte longtemps à genoulx, car il n'estoit pas bien en sa grâce, et entre aultres choses dit qu'il n'estoit point venu vers luy comme serviteur de son père, mais comme evesque ; et à cette cause est tenu toute paix nourrir pour esteindre tout meschief [2]. »

Guillaume fit ensuite partie de deux ambassades envoyées d'abord au roi Louis, puis à l'assemblée de Tours où se traita la paix mettant fin à la ligue du Bien Public [3].

Fillastre eut encore l'honneur d'exercer ses fonctions de

1. Dom Plancher, IV, 316.
2. Ibid., p. 494.
3. *Mémoires de Commynes*, preuves, t. III, p. 211. — Dom Plancher, t. IV, p. 322.

chancelier de la Toison d'Or au onzième Chapitre qui se tint à Bruges le 7 mai 1468, après l'avènement de Charles le Téméraire [1]. Le 2 juillet suivant, il assista dans cette même ville à l'entrée solennelle de Marguerite d'York, troisième femme de ce prince. Enfin, au mois d'octobre, il reçut les nouveaux époux dans l'abbaye de Saint-Bertin.

L'un des derniers actes de Guillaume fut l'envoi à Rome de Jacques Pol, prieur du monastère [2], avec mission d'y obtenir du pape Pie II la confirmation des privilèges du monastère déjà consacrés par Nicolas V et Sixte IV.

Avant de disparaître, Fillastre devait remplir une dernière fois son rôle de chancelier de la Toison d'Or au chapitre de Valenciennes :

« Le premier jour de may de l'an 1473, le duc commença la feste du Toison et alla ouir vespres en l'Eglise des Frères Prescheurs, dite Saint Paul, suivy de douze chevaliers dudit Ordre, qui estoient à cheval avec le duc, vestus de longues robes de velours violet cramoisy, chapperons et manteaux de semblable couleur, bordez de fusil, avec la devise du duc en broderie. Tous les autres seigneurs et gentilshommes allèrent de pied, deux à deux, à ladite Eglise. En mesme équippage et compagnie le duc assista le lendemain à la messe d'où il revint disner en la salle le Comte.

« A la première table estoit le duc avec les XII chevaliers pré-

1. La Marche, t. III, p. 112.

2. Archives du Pas-de-Calais, fonds de Saint Bertin, vol. 78, année 1472-1473.

sents : Antoine, seigneur de Croy, comte de Portien ; Philippe Pot, seigneur de la Roche de Nolay ; Louys de Bruges, comte de Vincestre (Winchester) ; Philippe Crevecœur, seigneur Desquerdes; Jacques de Luxembourg, seigneur de Richebourg ; Jean de Damas, seigneur de Clessy ; Louys de Chaalons, seigneur de Chateauguion ; Simon de Lalaing, seigneur de Montigny ; Regnault, seigneur de Brederode ; Jean, duc de Clèves, comte de la Marche ; Jean, seigneur de Lannoy ; Antoine, bastard de Bourgogne, comte de la Roche-en-Ardenne. A la seconde table estoit l'evesque de Tournay, chancellier de l'Ordre ; le thrésorier, secrétaire et Toison d'Or, roy d'armes du même Ordre. A la troisième table, les ambassadeurs des Roys de Naples, d'Arragon, d'Angleterre, de Venise et autres. A la quatrième les Prélats. A la cinquième les chappelains et chantres du prince, tous revestus de bleu. A la sixième les huissiers et sergeans d'armes. A la septième les héraux et poursuivans chacun revestu de la cotte d'armes de son maistre.

« Après le disner se tint le Chapitre de l'Ordre auquel fut ordonné que les manteaux et chapperons des chevaliers de l'Ordre qui avoient esté, dèz leur première institution, d'escarlate fourrés de menu vair, seroient, de la en avant, de velour cramoysi doublés de satin blanc, bordés de fusils, et que, sous lesdits manteaux, ils porteroient pareillement des robes de velour cramoysi aux premières Vespres et Messe du jour... [1]. »

1. *Histoire de la Ville et Comté de Valentiennes*, par feu Henri d'Outreman, escuier, seigneur de Rombies ; Douay, Wyon, 1639, p. 176 et 177.

Trois mois plus tard, l'évêque de Tournai mourut, le 21 août 1473, à Gand, où il avait suivi le duc, laissant pour héritier son neveu Guillaume de Failly, chevalier, seigneur de Bernissart et du Wez, fils de Mille, seigneur de Réchicourt, près de Verdun, et de Jeanne Fillastre, dite de Marson, et désignant pour exécuteurs testamentaires : Thierry de Landrenes (Lesderney ou Darney), doyen de Toul et chanoine de Tournai, aussi son neveu, Jacques Pol, prieur de Saint-Bertin ; Jean de Pauw (Pavonis), chanoine et scelleur de Tournai ; enfin Jean Hernat, promoteur de Tournai.

Ses restes furent transportés en l'abbaye de Saint-Bertin et inhumés par les soins de Jean de Lannoy, son successeur, dans l'Église de ce monastère, où un superbe monument dû à André Della Robbia rappelait son souvenir.

CHAPITRE II

BIBLIOGRAPHIE

Les œuvres du Cardinal de Saint-Marc. — Celles de Guillaume Fillastre. — L'Office de la Toison d'Or. — Les Chroniques de France. — Les Troiennes Ystoires. — Guillaume Fillastre et Raoul Lefèvre. — Documents relatifs aux projets de croisade. — La Toison d'Or. — Les Toisons de Jason et de Jacob. — La Toison de Gédéon. — Impression de la Toison d'Or. — Les écrivains de Fillastre. — Le Traité du Conseil.

Guillaume II Fillastre, prélat et courtisan, malgré les charges élevées dont il s'est montré digne, serait aujourd'hui à peu près oublié s'il n'avait été, en même temps qu'*agréable homme et doux parlier*, un bibliographe avisé et un remarquable amateur d'art.

Comme bibliographe et comme écrivain, il semble singulièrement procéder du Cardinal de Saint-Marc, duquel il descendait très vraisemblablement, ainsi que nous l'avons dit. L'on a du Cardinal, suivant la *Bibliothèque Lorraine* de dom Calmet, les livres de Platon traduits du latin et des notes sur Pomponius Mela. L'on conserve à la bibliothèque de Nancy, sous le n° 441, un précieux manuscrit aux armes de Guillaume Ier Fillastre, flanquées de deux G, intitulé : *Claudii Ptolomei Cosmographiæ libri VIII, latine versi à Jacobo Angelo Florentino.* D'autre part, à la bibliothèque de Rouen, l'on trouve, sous le numéro 1131, un recueil de chroniques comprenant : la Chronique d'Eusèbe ; celle de saint Jérôme ; celle de Prosper ; l'abrégé de la Chronique de Sigebert et de la continuation de Robert de Torigny ; la Chronique d'Isidore de Séville ; enfin l'abrégé de l'Histoire Romaine de Rufus Festus, dont le premier feuillet est orné des armoiries du Cardinal, timbrées du chapeau qui surmonte le lion légendaire, tenant sous sa griffe une banderole avec cette inscription :

« Pax tibi, Marce Evan[gelista]. »

« Guillaume, dit M. Léopold Delisle dans son édition de la Chronique de Robert de Torigni [1], dont l'instruction était fort étendue, a enrichi ce volume de notes autographes. La plus importante se rapporte à l'éclipse qui signala la mort de Jésus-Christ [2]. »

Notons encore, au Mans, le manuscrit 163 contenant, fol. 13, pièce 5, une lettre de Guillaume Fillastre, Cardinal de Saint-Marc, au Dauphin, Florence, 29 décembre 1419 ; et à la Bibliothèque Nationale le ms. 1001, fol. 3 à 23, nouvelles acquisitions françaises.

1. Rouen, 1872, 2 vol. in-8 ; voir préface, p. XXXVII à XLI.
2. Folio 64.

*
* *

Si l'on essaie de classer, par ordre chronologique, les œuvres de Guillaume II Fillastre, il semble que l'on doive parler d'abord d'un manuscrit de la bibliothèque de Besançon contenant la copie exécutée au XVIIe siècle, à Madrid, par les soins de Jules Chifflet, d'un office composé pour l'Ordre de la Toison d'Or à Valenciennes, en 1448, sous les auspices de Guillaume Fillastre, évêque de Verdun, chancelier de l'Ordre (texte latin).

En avril 1901, M. Salomon Reinach a découvert à la Bibliothèque Impériale de Saint-Pétersbourg un précieux manuscrit sur lequel nous aurons à revenir, provenant du comte François Potocki allié à une Ligne [1] : c'est la copie historiée d'un ancien manuscrit qui existait au monastère de Saint-Bertin, offerte au duc de Bourgogne par son serviteur, le premier jour de l'an en lieu de bonne étrenne, très probablement le 1er janvier 1457, ainsi que l'a établi avec beaucoup de vraisemblance l'auteur même de la trouvaille. Ici, Guillaume Fillastre ne fut certainement qu'un compilateur qui dut intervenir dans la transcription de la version primitive.

Dans le voisinage du riche manuscrit de Saint-Pétersbourg, il faut placer celui qui porte le numéro 2621 à la Bibliothèque

1. Voir la *Gazette des Beaux-Arts*, 1er avril, 1er juillet, 1er novembre 1903. — Fondation Eugène Piot, Monuments et mémoires publiés par l'Académie des Inscriptions et Belles-Lettres, 1904, 1er et 2e fascicules (no 22).

Nationale[1]. Quand M. Lion en tira, pour le *Bulletin de la Société des Antiquaires de Picardie*, un récit de la bataille de Mons-en-Vimeux, livrée le 31 août 1421, M. Léopold Delisle n'hésita pas à voir, dans cette chronique de France de 1136 à 1467, une œuvre de Guillaume Fillastre, poursuivie jusqu'à la mort de Philippe le Bon, ainsi que le font présumer les lignes suivantes montrant l'auteur comme le plus intime familier de ce prince :

« Cette histoire je n'ay prins en cronicques n'en escript ; ne le scay, ne le tien d'aultre que de lui-meisme (Philippe le Bon), qui autreffois en ses privées devises le ma conté, non par jactance, vantice ou vaine gloire. » — Comme il se dit par ailleurs ancien évêque de Verdun, il ne peut y avoir de doute sur l'identité du familier du duc de Bourgogne, auteur de la chronique.

Depuis, M. Delisle, en tirant de ce même manuscrit un récit romanesque du xve siècle : *La prinse de Chierbourg par Philippe, comte de Flandre*[2], voit encore, dans ces exemples de magnanimité empruntés à l'histoire des rois de France et des comtes de Flandre, la fin parachevée en avril 1472, à l'occasion de la Fête de l'Ordre, de la Toison de Jason appartenant à la compilation de la Toison d'Or à laquelle nous allons arriver.

Quelques années plus tard, « au commandement de très redoubté prince Monseigneur Phelippe duc de Bourgongne »,

1. Voir également les n°s 138 et 139 du fonds français à la Bibliothèque Nationale.

2. Saint-Lô, Le Tual, 1901, in-8 de 6 pages.

Guillaume, devenu évêque de Tournai, fit une translation « du latin en franczois » des *Troiennes Ystoires*. Il existe à la Bibliothèque Nationale un exemplaire de ce manuscrit portant la signature de François d'Alençon, et provenant de l'ancienne bibliothèque de Béthune [1]. A la fin du second livre se trouve la mention : « Cy fine hercules composé par Messire Guillaume de Failly, evesque de Tournai et abbé de Saint-Bertin en Saint-Aumer ». Cet ouvrage doit être antérieur à 1464, date à laquelle « vénérable homme Raoul Lefévre, prestre chappelain de mon très redoubté seigneur Monseigneur le duc Phelippe de Bourgongne » s'appropriant, sans nul doute du consentement de leur traducteur, les deux premières parties de la trilogie troyenne dues à Fillastre, en termina la translation qu'il fit écrire intégralement dans un manuscrit également conservé à la Bibliothèque Nationale [2]. Il ne peut être inutile de remarquer que l'évêque de Tournai, nommé en 1463 premier conseiller au Conseil privé, pût être employé par son maître à des besognes plus importantes.

C'est vers cette époque que le duc s'efforçait en effet de se faire relever par le Pape de son serment du banquet du faisan : Chifflet, chancelier de la Toison d'Or, découvrit effectivement à Madrid, entre 1648 et 1649, un mémorial envoyé au pape

1. Fonds français 697, anciennement 7138. Paulin Paris, V, 375 et 376.
2. Fonds français 59, anciennement 6737 ; voir Paulin Paris, V, 378.

Paul II pour exposer les efforts de Philippe le Bon, duc de Bourgogne, quant à l'organisation d'une croisade contre les Turcs : « Translacion faicte du latin en françois sur la proposition privée de Monsieur de Tournay Guillaume Fillastre. » Cette pièce existe à Besançon [1]. A Dijon se rencontre le texte latin [2] dont de nombreuses copies sont conservées à la bibliothèque de Saint-Omer [3]. Dans le même ordre d'idées, il faut classer la lettre adressée le 6 juin 1464 par Guillaume, chef du Grand Conseil du duc, au Président de Bourgogne, pour le charger de faire prêcher partout la croisade et de faire placer dans les églises des troncs pour les offrandes, ainsi que le sommaire des instructions rédigées dans ce but [4].

Par ordre chronologique viendrait ensuite l'oraison funèbre de Philippe le Bon, prononcée en l'église Saint-Donat à Bruges en 1467, dont le texte doit se trouver quelque part et sans doute dans les archives de la Côte-d'Or.

***

Nous arrivons enfin à l'œuvre capitale de Guillaume Fillastre : *La Toison d'Or* dont la première partie dut être offerte

1. Copie originale très raturée, nº 87, fol. 36 à 48. Catalogue de la bibliothèque de Besançon, p. 603.
2. Nº 835, 8 folios, provenant de Cîteaux.
3. Ms. 746, f. 70 à 73 ; — 374, f. 13 à 43 ; — 386, f. 7 ; — 520 et 661, f. 708 à 710.
4. Archives de la Côte-d'Or, B. II, 942, t. I, nºs 261 et 262 ; — Olivier de la Marche, III, 36 à 38, note ; — Gachard, édition Barante, II, 215, note.

au nouveau duc de Bourgogne, Charles le Téméraire, à l'occasion du onzième Chapitre de l'Ordre, le premier depuis son avènement, tenu à Bruges en 1468. L'on conserve à Bruxelles, dans la Bibliothèque Royale, sous les numéros 9.027 et 9.028, deux superbes manuscrits qui sont certainement les originaux des deux premières parties de cet ouvrage, puisqu'ils sont aux armes du duc : ils traitent respectivement des *Toisons de Jason* et de *Jacob*, ou des vertus de magnanimité et de justice. L'on ne connaît qu'un exemplaire de la troisième partie, traitant de la vertu de prudence, ou *Toison de Gédéon*, et il se trouve classé dans les manuscrits du Moyen Age de la bibliothèque de Copenhague [1].

L'on a cru longtemps rencontrer la minute de l'œuvre, dans un manuscrit assez médiocre de la bibliothèque de Saint-Omer formée du fonds de l'abbaye de Saint-Bertin [2] ; mais une mention que j'ai trouvée au dernier feuillet de l'ouvrage vient démentir cette opinion : *Che livre appar tient à Guillaume de Coninc natif de Flandres et demorant à Tournay sur les Salines* [3]. Nous sommes donc en présence d'une copie vulgaire [4], alors qu'il existe, de la *Toison d'Or*, des transcriptions splendides dans les principales bibliothèques publiques et privées d'Europe.

1. Voir Catalogue des manuscrits français de la bibliothèque de Copenhague par Abraham, p. 80.
2. De Laplane, *Les abbés de Saint-Bertin*, II, 24 et 25.
3. Ms. nº 723.
4. Comme celle de Valenciennes, second livre. Ms. 460, aux armes des Croy.

Parmi les plus belles, citons les manuscrits 6.804, 6.805 et 6.807 de la Bibliothèque Nationale [1] ; l'exemplaire aux armes d'Engelbert, comte de Nassau, appartenant au comte van der Cruisse de Waziers, qui a figuré dans une exposition d'objets d'art religieux à Lille en 1874 ; enfin deux spécimens conservés à Vienne dans les archives de la Toison d'Or, dont les frontispices, avec blasons des Maisons de Bourgogne et de Croy-Renty, viennent d'être reproduits par M. Reinach, dans le 22e fascicule de la Fondation Piot, pages 16 et 17.

Tous les Chevaliers de l'Ordre tinrent sans doute à posséder cet ouvrage, ce qui explique comment il fut si souvent reproduit. Sa vogue alla en s'accentuant au point qu'il fut imprimé le 27 mars 1516, à Paris, par François Regnault demeurant en la rue Saint-Jacques, à l'enseigne de saint Claude, par Antoine Bonnemère [2]. On en donna l'année suivante une seconde édition qui ne semble qu'un rajeunissement ou second tirage de la première [3]. Une troisième édition, absolument distincte, parut le 21 avril 1530 à Troyes, par les soins de Nicolas Le Rouge, imprimeur et libraire, qui en fit tirer un certain nombre d'exemplaires pour un de ses confrères parisiens de la rue Saint-Jacques à l'enseigne du Loup, nommé Jean Petit, ce qui a fait croire à l'existence d'une quatrième édition [4].

1. La Bibliothèque Nationale possède encore le second livre provenant de l'abbaye de Saint-Germain-des-Prés, bibliothèque de Coislin, anciennement Séguier, fr. 19024, et un autre exemplaire complet sous le numéro 8998.

2. Bibliothèque Nationale, réserve, L. 350.

3. Ibid., L. 351.

4. Ibid., L. 353 et 354.

*
* *

Suivant un compte de l'évêché de Tournai pour l'année 1470-1471 [1]. Fillastre faisait encore travailler à cette date plusieurs écrivains. Deux mentions différentes l'attestent :

« A Maistre Jehan des Prés, scelleur de Bruges qu'il avoit payé à S. Hugues, donne pour lescripture d'un livre qu'il avoit fait pour Monseigneur, comme il appert par sa cedule donnée à Gand le XVIIe jour de mars oudit an lxx, cy rend.. xx lib.

« Item payé et expoié à cause de ung livre nommé *opus insigne*, second thome, que Monseigneur avoit fait escripre par Messire Jehan Mauclerc ainsi qu'il s'ensieut, et aussy pour XII XII^{nes} et III peaulx de vellin à VIIII solz la XII^{ne}, font XXXIII l., VI s. ; audit Mauclerc pour le parpaier de lescripture dudit livre, sur quoy il avoit reçu de Monseigneur VI livres, délivré par ledit receveur XXIII lib. XII solz ; pour lenluminage dudit livre X l. VIII s. ; et pour le loyage d'icelluy XXVI solz ; montent les dites parties à LX livres XII solz, comme il appert par la cédulle de Monseigneur donnée à Lille le IX jour de janvier oudit an LXXI, cy rend pour ce ycy LX lib. XII s. »

C'est sans doute à cette époque qu'il faut placer un dernier ouvrage de Fillastre, provenant de sir Thomas-Philips de Cheltenham, et acquis par la Bibliothèque Royale de Bruxelles en 1888 : « Cy commence ung petit traicté de conseil compile

1. Relié dans les Comptes de la graineterie de Saint-Bertin, vol. 78.

par reverent père en dieu Guillaume evesque de Tournay », très vraisemblablement en l'année 1471, lorsqu'il fut nommé chef du Conseil privé. L'on y rencontre successivement les chapitres suivants : « Quel doit estre conseil ; — quelz doivent estre les conseilliers ; — comment prince doit user de conseil ; — comment le prince doit examiner si le conseil qu'on lui donne est bon ou non ; — de utileté ; — comment hastiveté ne doit estre en conseil ; — comment yre est ennemye de conseil ; — du conseil donné par hayne ou faveur ; — que conseil donné par faveur et reprouchable. »

Cette curieuse pièce semble avoir été en quelque sorte le testament politique de Guillaume Fillastre, qui n'exerça que pendant deux ans les fonctions élevées auxquelles l'avait appelé Charles le Téméraire.

CHAPITRE III

ŒUVRES D'ART

Les legs de Guillaume Fillastre. — La chape de la cathédrale de Tournai. — Les tapisseries de l'église abbatiale de Saint-Bertin. — Le retable d'argent du maître-autel. — Les peintures des volets de ce retable. — L'enluminure des *Chroniques* de Saint-Pétersbourg. — Invraisemblance de l'attribution de ces œuvres à Simon Marmion. — Elles sont sans doute sorties de l'atelier de Van der Weyden. — Les portraits de Fillastre : le volet du retable ; les frontispices des *Chroniques* de Saint-Pétersbourg et de la *Toison d'Or* ; le crayon d'Arras ; la miniature de Saint-Omer. — Les bustes de saint Bertin et de saint Momelin. — Tapisseries.

Nous avons dit qu'à ses qualités d'écrivain Guillaume II Fillastre joignait un goût très prononcé et éclairé pour les arts. Comme Guillaume Ier, qui rebâtit les écoles de théologie de Reims et acheva l'une des tours de la cathédrale, il s'occupa d'architecture. Pour parler seulement de l'abbaye de Saint-Bertin, il faut noter, sous son administration, l'édification de la tour demeurée seule debout, auprès de la nef écroulée de son église, et encore ornée de son blason et des armes pontificales ; la restauration de l'entrée du monastère et la construction du quartier des princes[1]. On lui doit aussi d'importants

1. De Laplane, II, p. 9.

travaux dans les évêchés qu'il occupa successivement, et notamment dans celui de Tournai.

Son testament, qu'on n'a pu retrouver *in extenso*, mais dont on connaît des extraits, nous apprend qu'il dota richement toutes les églises dont il avait été le titulaire. L'abbaye de Saint-Bertin hérita d'un calice et d'une mitre en or battu, ornés de pierreries ; du mobilier du quartier de l'abbé, et d'une vaisselle d'argent complète, acquise en partie, suivant les comptes du monastère, en 1454 ou 1455, à Bruges, des mains de Jean Baest [1].

A la cathédrale de Tournai échut une remarquable et opulente table qu'on plaçait sur le maître-autel seulement aux jours de la Nativité du Seigneur et de la Vierge, « ex Phrygio aut Polymito opere », brochée de tous côtés de fils d'or [2]. L'on voit encore au musée de cette ville une splendide chape de velours rouge, semée de têtes de cerf, de merlettes et de G brodés d'or, et ornée d'un chaperon et d'orfrois représentant les œuvres de miséricorde : elle faisait partie, suivant Jean Cousin, d'une série d'ornements d'église laissés par l'évêque [3].

La cathédrale de Toul eut en partage deux lectionnaires de

1. De Laplane, II, p. 23. — Vol. 78, Archives du Pas-de-Calais, fonds de Saint-Bertin : « Item pro discis, scutellis et aliis vasis argenteis, emptis per dominum abbatem Brugis, erga Johannem Baest. »

2. Bruxelles, ms. 1773-7, fol. 213.

3. De Laplane, t. II, fol. 213, p. 238 : « Il a donné à la même eglise des chasubles, tuniques et chappes de veloux rouge à testes et cornes de cerf, avec la lettre G au millieu. »

cuivre rouge; et celle de Verdun de riches tapisseries aux armes de Fillastre[1].

Les comptes de Saint-Bertin fournissent de nombreux renseignements sur la fastueuse administration de Guillaume Fillastre, où l'on rencontre, à plusieurs reprises, le nom de Jean Bosquet, employé à la décoration de l'église abbatiale. Des tuniques et des dalmatiques; trois chapes ornées de lys et de couronnes; des corporaux, des orfrois achetés à Bruxelles; six chapes vert et or, d'autres blanc et or; des tapis, des devant d'autel, mentionnés çà et là, prouvent la magnificence des cérémonies religieuses de l'abbaye.

Mais, le plus riche monument, dont l'église de Saint-Bertin ait été redevable à Fillastre, était évidemment le retable d'argent placé sur le maître-autel et exécuté de 1455 à 1459. Les quatre paiements qui lui furent consacrés établissent que son prix dépassa dix huit cent soixante-six livres, somme considérable pour l'époque. A la reconstitution qu'en a tentée, d'après Dom de Witte et les relations de différents voyageurs, Mgr Dehaisnes, dans ses recherches sur le retable de Saint-Bertin et sur Simon Marmion[2], il faut ajouter aujourd'hui la description détaillée contenue dans le procès-verbal dressé par les administrateurs du district de Saint-Omer, le 12 juillet 1791, que M. l'abbé Bled a découvert dans les archives révolution-

1. L. de Farcy, *Revue de l'art chrétien*, 5e série, t. VI (XLVIe de la collection), p. 187 à 189.

2. Lille, Quarré, 1892, 1 vol. in-4 de 157 pages.

naires d'Arras, en octobre 1900, et qui a été publié dans le *Bulletin des Antiquaires de la Morinie*[1].

Cette pièce d'orfèvrerie a malheureusement disparu ; mais l'on a retrouvé, après la Révolution, les volets précieusement peints qui l'accompagnaient. Après avoir fait partie de la galerie du roi Guillaume Ier des Pays-Bas, ils sont passés dans celle de S. A. R. Mme la princesse de Wied. Après Mgr Dehaisnes, M. Deschamps de Pas en a donné le détail, accompagné d'une reproduction intégrale, dans le *Bulletin des Antiquaires de la Morinie*[2]. Depuis, M. Salomon Reinach, à propos du manuscrit de Fillastre qu'il venait de découvrir à Saint-Pétersbourg, s'en est occupé tant dans la *Gazette des Beaux-Arts* que dans les *Monuments et Mémoires de la fondation Eugène Piot*[3].

Mais, en 1904, le prince de Wied, en faisant transporter ses volets de Hollande à Neuwied, les fit figurer à l'Exposition de Dusseldorf, où ils furent photographiés par la maison Brückman de Munich, dans des conditions excellentes qui permettent de les étudier à nouveau. Actuellement, ils font d'ailleurs partie du Musée de Berlin.

Outre un portrait de Guillaume II Fillastre, sur lequel nous aurons à revenir, ces volets représentent neuf scènes de la vie

1. T. X, p. 613, 614, 615. — Cette pièce nous apprend que « dans la première niche à gauche se trouvait une figure de huit à neuf pouces de hauteur représentant M. Filiatre, ancien abbé de la ci-devant abbaye, qui est celui, dit-on, qui a fait faire ce monument ».

2. En 1899, t. X, p. 336 à 346, deux planches.

3. En 1904.

de saint Bertin, premier abbé du monastère. Lorsqu'ils furent traités par l'auteur de ces peintures, il y a lieu de noter que ces sujets n'étaient pas neufs, et qu'il put puiser des inspirations dans les tapisseries du chœur de l'église consacrées au même saint et données par l'abbé Jean d'Ypres, dit « Ypérius », ainsi que le prouve leur description conservée dans un manuscrit de Saint-Omer[1] :

— Nativitas Sancti Bertini...

— Positura Sancti Bertini in monasterio Luxoviensi...

— Sanctus Bertinus, Mumolinus et Ebertrannus veniunt ad Sanctum Audomarum.

— Beatus Bertinus divino remigio contra fluctus ducitur, et in præfato loco fundat ædificia Sithiensis ecclesiæ : traditio Adroaldi, consilio beati Audomari, territorii Sithiensis.

— Hic Walbertus, domum remeans, a beato Bertino non benedictus, ab equo in terra membris omnibus collisis corruit : hic nuncius destinatus a Walberto ad Sanctum Bertinum eventum ipsius indicat ; jussu beati Bertini, discipulus ejus ad œnophorum vadit in quo antea vinum per duos menses non fuerat, quod, gratia Dei meritisque beati Bertini, plenum optimo vino invenit.

— Walbertus cum filio a beato Bertino fit monachus.

— Hic Winocus cum fratribus a beato Bertino fit monachus.

— Beatus Bertinus malignum spiritum sub specie puellæ ipsum tentantem, Sancto Martino id sibi indicante, signo crucis abigit...

1. N° 746, f. 72 v°.

— Hic jacet Sanctus Bertinus defunctus super tegmen pilleum.

Cet ensemble était complété par deux petits panneaux qui venaient, aux extrémités opposées des volets, surmonter le portrait de Fillastre, à gauche, et la mort de saint Bertin à droite. Ils représentent : le premier, un concert d'anges, et le second l'assomption de l'âme de saint Bertin vers le trône de Dieu le Père. Ils font aujourd'hui partie de la *National Gallery* de Londres, où ils entrèrent en 1860, avec la collection Beaucousin.

Ainsi qu'on l'a vu, l'auteur des volets du retable n'eut guère qu'à rajeunir, en quelque sorte, une suite de scènes déjà interprétées par un devancier ; ce qui ne l'empêcha pas de faire preuve, dans la commande qui lui fut confiée, d'une science consommée.

*
* *

Avec M. Reinach, il y a lieu d'attribuer au maître qui peignit les volets du retable, les enluminures du manuscrit des *Chroniques de France* conservé à Saint-Pétersbourg.

Le manuscrit, achevé à la fin de 1456, est à peu près contemporain du retable mis en place en 1459. En parcourant la suite de reproductions des pages des *Chroniques*, donnée dans la publication de l'Académie des Inscriptions, l'on est amené à faire des rapprochements continuels entre ces peintures et les panneaux du retable, notamment au sujet de la présentation de certaines scènes dans des décors d'architecture qu'on retrouve constamment dans le manuscrit, et qui forment en quelque sorte l'ossature des volets. Il faut tout particulièrement signaler l'entourage du couronnement de Charlemagne par le pape Léon [1], flanqué d'une statuette de saint que surmonte un pinacle, comme l'on en trouve six exemples dans les volets, ainsi que le portail de la chapelle où est béni le mariage de saint Louis avec Marguerite de Provence [2], fort analogue à l'ogive qui encadre la prise d'habit de Walbert. Dans ce même ordre d'idées, la porte de la ville de Saragosse [3], comme celle de Saint-Omer [4], rappellent singulièrement celle de la maison forte d'Adroald. L'on ne peut d'autre part, s'empêcher de comparer l'accouchement d'Audovère, seconde femme de Chilpéric [5], à la naissance de Bertin ; enfin l'allégorie de la mort de Charlemagne à celle de la mort de saint Bertin, peinte sur le petit panneau surmontant le volet de droite du retable [6].

Nous admettrons donc, avec M. Salomon Reinach, que l'étude directe montre les panneaux de Saint-Bertin et les grandes miniatures de Saint-Pétersbourg comme probablement de la même main, alors que, de la dédicace du manu-

1. Pl. XIII, fig. 27.
2. Pl. XXIX, fig. 65.
3. Pl. VI, fig. 10.
4. Pl. XXXVII, fig. 85.
5. Pl. VIII, fig. 14.
6. Pl. XV, fig. 32.

scrit, il ressort qu'il a dû être commandé vers 1456, c'est-à-dire à la même époque que le retable. Mais, pour ajouter que ces miniatures, sorties du même atelier que les volets, soient vraisemblablement l'œuvre de Simon Marmion, il faudrait approuver les conclusions de l'étude de Mgr Dehaisnes sur le retable et sur Simon Marmion, ce que nous nous refusons à faire.

Toute la thèse de Mgr Dehaisnes, en effet, ne repose guère que sur cette base bien fragile : Simon Marmion, originaire d'Amiens, après avoir travaillé en 1454 aux préparatifs du banquet du faisan à Lille, se fixa à *Valenciennes* avant 1458. Or, l'orfèvrerie du retable fut exécutée, suivant Dom Charles de Witte (auteur, à la fin du XVIIIe siècle, d'un cartulaire de l'abbaye de Saint-Bertin), *à Valenciennes* où vivait un célèbre argentier ; donc les volets de ce retable ont dû être peints dans la même ville par un peintre également célèbre, Simon Marmion.

Nous ferons d'abord observer que, comme l'on ne connaît aucune œuvre indiscutable de Simon Marmion, les points de comparaison font défaut totalement.

Entrant ensuite dans la discussion des arguments de Mgr Dehaisnes, nous dirons que Dom de Witte, auteur du cartulaire, n'est pas toujours heureux dans les faits qu'il avance à propos de Guillaume Fillastre : ne dit-il pas qu'il était Bourguignon ? ce qui est une erreur manifeste. N'affirme-t-il pas que son tombeau fut commandé par son successeur, bien qu'il l'ait fait, comme nous le verrons, exécuter de son vivant ?

A propos du retable lui-même, Dom de Witte ne se trompe-t-il pas grossièrement quand il avance que le fond est d'*or de ducat*, alors que les quatre mentions consacrées au paiement de cet ouvrage, dans les comptes de l'abbaye de 1455 à 1459, disent positivement « in subvencione » ou « pro persolutione tabule argentee magni altaris » : en paiement ou pour solde du retable d'*argent* du grand autel ?

Certaines parties du retable furent, il est vrai, dorées. Mais le continuateur d'Ypérius ne s'y est pas trompé, qui dit seulement *tabulam deauratam*, pas plus que les administrateurs du district de Saint-Omer chargés de l'inventaire du trésor de l'abbaye de Saint-Bertin en 1791.

De plus, tous les résumés des comptes du monastère sous l'administration de notre abbé existent aux archives d'Arras, et l'on n'y trouve nulle trace de travaux exécutés à Valenciennes, tandis que j'ai pu y relever une commande à Bruxelles et un achat d'argenterie à Bruges. Il faut donc récuser la supposition de Mgr Dehaisnes, trop facilement admise par M. Reinach, suivant laquelle Dom de Witte aurait trouvé *dans un document* l'indication relative à Valenciennes [1]. Tout au plus faut-il voir dans ce renseignement une tradition Bertinienne ne méritant pas plus crédit que cette autre, rapportée en 1769 par Descamps, lequel écrivait avant de Witte, et qui fait de « Hem-

1. *Gazette des Beaux-Arts*, p. 274 : Dom de Witte avait vu un manuscrit, aujourd'hui disparu, d'après lequel Fillastre aurait fait exécuter le retable à Valenciennes.

melinck » l'auteur des volets [1]. Au reste, alors même que la ciselure du retable serait bien l'œuvre d'un orfèvre de Valenciennes, il ne faudrait pas se voir pour autant dans l'obligation d'attribuer la décoration des volets à un peintre de la même cité, car l'orfèvrerie et la peinture ont pu parfaitement être exécutées dans des villes différentes.

Simon Marmion « besongna » bien aux préparatifs du banquet du faisan pendant neuf jours ; mais c'est un honneur qu'il partagea avec trente-trois autres artistes, souvent beaucoup plus connus que lui. Il ne fut pas l'un des plus rétribués ; et, comme le travail des peintres consista surtout, en cette circonstance, à « polychromer » *des entremets*, l'on ne voit pas bien comment l'évêque de Toul, qui devait être, à ces agapes, infiniment plus préoccupé du projet de la future croisade que de ses plans de décoration pour l'abbaye de Saint-Bertin, aurait pu distinguer cet étranger amiénois au point de le charger aussitôt d'un travail considérable. S'il se l'était attaché ainsi, il l'aurait, sans nul doute, appelé soit à Saint-Omer, soit dans l'une des villes où séjournait régulièrement la Cour de Bourgogne, et non à Valenciennes où, hors le Chapitre de la Toison d'Or tenu en 1473, l'on ne rencontre qu'une seule fois la trace du passage de Philippe le Bon et de son conseiller [2]. Il y a tout lieu de penser, au contraire, que Simon Marmion choisit sa nouvelle résidence pour devenir le voisin des

1. *Voyage pittoresque de la Flandre et du Brabant*, nouvelle édition. Paris, 1792, p. 288.

2. Le 19 mai 1455 ; Pierre d'Outreman, Histoire, etc..., p. 339.

abbayes célèbres de Saint-Jean, de Saint-Amand et d'Hasnon, de laquelle il impétra et obtint, en 1462, droit de chapelle en l'église Notre-Dame pour la confrérie des peintres, brodeurs, tailleurs d'images et autres [1].

Il n'en reste pas moins acquis que Simon Marmion, en qualité d'écrivain et d'enlumineur, exécuta, pour la Cour de Bourgogne, un splendide livre d'Heures, commencé pour Philippe le Bon en avril 1467 et terminé pour Charles le Téméraire en 1470. Cette œuvre a malheureusement disparu ; mais il est permis de voir un ouvrage contemporain du même artiste dans les deux livres de la *Toison d'Or*, provenant de la Maison ducale, et conservés à la Bibliothèque de Bruxelles, dont nous avons parlé à propos des écrits de Fillastre. Ces manuscrits d'inégale grandeur, évidemment de la même main, et malheureusement inachevés à cause de la mort prématurée de leur donateur, sont ornés tous deux de frontispices à peu près identiques représentant l'hommage qui en fut fait au prince par le chancelier de l'Ordre : pour le premier, au Chapitre de Bruges le 17 mai 1468 ; pour le second, à celui de Valenciennes le 2 mai 1473. Ce qui vient confirmer cette attribution, c'est que Simon Marmion, fixé à Valenciennes, fut reçu en franchise à Tournai, moins d'un mois avant la tenue du Chapitre de Bruges, le 27 avril 1468, « au mestier des paintres », où son frère fut admis dans les mêmes conditions

1. Louis de La Fontaine, dit Wicart, *Antiquités de la ville de Valenciennes*, ms. n° 529 de la Bibliothèque de Valenciennes, p. 288. — Mgr Dehaisnes, *Recherches, preuves*, p. 133 à 135.

le 15 juillet 1469 [1]. Cela semble indiquer que Guillaume Fillastre faisait bien travailler Marmion, mais depuis peu ; car, s'il l'avait employé, comme le voudrait Mgr Dehaisnes, avant 1458, étant pourvu du siége de Tournai depuis 1460, il n'eût pas attendu plus de huit années pour l'attirer dans sa ville épiscopale.

Pour achever de détruire l'attribution si minutieusement échafaudée par Mgr Dehaisnes, il suffira, croyons-nous, de faire remarquer que l'on doit nommer tous les grands maîtres de l'École flamande quand on veut caractériser les qualités des volets de Saint-Bertin. Ainsi, lorsqu'il en donna la description dans la *Gazette des Beaux-Arts* en 1900, M. Reinach déclara d'abord que le style était très voisin de Jean van Eyck. Il évoqua ensuite Roger van der Weyden qu'elles rappellent dans les « grandes figures élancées », et aussi dans « quelques types du grand tableau d'Anvers », peint pour Jean Chevrot. Après avoir également nommé Thierry Bouts, il conclut que les analogies de ces morceaux « avec Memling sont plus frappantes encore, en particulier dans les beaux paysages ». Or, il ne semble pas possible qu'un Amiénois, comme Simon Marmion, qui n'avait guère quitté sa ville natale avant 1454, ait pu s'assimiler si rapidement les traits distinctifs des principaux peintres de la Cour des ducs de Bourgogne.

Il n'est pas sans intérêt de faire remarquer aussi la singulière ressemblance des motifs d'architecture encadrant les

1. Archives communales de Tournai, registre de la corporation des peintres, fol. 24 v°. — Mgr Dehaisnes, *Recherches*, p. 140.

épisodes de la vie de saint Bertin avec les modèles lapidaires qu'un artiste pouvait trouver à Bruges vers cette époque : l'Hôtel de ville avec ses statuettes couronnées de pinacles, la chapelle du Saint-Sang, la halle, le porche de Notre-Dame, le tonlieu, la loge des Génois. Il n'y a pas jusqu'aux célèbres portes de la ville, la porte Maréchale, la porte Sainte-Croix, et surtout la porte d'Ostende ou des Baudets, dont l'entrée du château fort d'Adroald ne paraisse une réminiscence. Cette particularité ramène à certaines œuvres de van der Weyden, avec lesquelles elle permet de faire des rapprochements décisifs.

C'est d'abord le célèbre tableau d'Anvers, les *Sept Sacrements* [1]; exécuté pour le prédécesseur de Guillaume Fillastre sur le siège de Tournai, où l'on retrouve le souci de présenter des scènes séparées dans l'ensemble d'un unique décor architectural. Dans le Sacrement de mariage, l'on ne peut s'empêcher de noter la ressemblance de l'épousée avec la femme de la Tentation de Saint-Bertin, sans négliger la préciosité des chérubins porteurs de devises, qui meublent les voûtes trop froides de la cathédrale, comme des vols analogues décorent les sommets des petits panneaux des volets, conservés à Londres.

L'on en vient ensuite aux deux volets du Musée de Berlin [2], représentant six sujets de la vie du Christ et de son précurseur, encadrés de motifs ogivaux presque identiques à ceux

1. N° 63.
2. Nos 82 et 92.

que nous venons de signaler à l'attention. La Naissance de saint Jean-Baptiste, qui en fait partie, doit être nécessairement comparée à celle de saint Bertin, avec laquelle elle présente les plus frappantes analogies.

Enfin, sur le tympan du porche de l'église où saint Bertin prend l'habit, se voit un Jugement dernier lapidaire qui, avec sa Vierge et son saint Jean-Baptiste agenouillés aux côtés du Christ justicier, fait penser volontiers au retable de Beaune commandé par le chancelier Rolin, que vient d'étudier M. de Mély dans la *Gazette des Beaux-Arts* [1].

La suite des comparaisons à faire entre les volets de Saint-Bertin et les œuvres cataloguées sous le nom de Roger van der Weyden, nous conduit à l'étude de l'iconographie de Fillastre, avec le beau portrait de ce prélat agenouillé qui se voit à l'extrémité gauche du volet du même côté. Bien que la figure de l'évêque et celle de son compagnon soient comparables aux plus puissants morceaux de van Eyck, il faut surtout rapprocher Fillastre d'un évêque donateur, agenouillé également, que je crois être Jean Chevrot, et qui se voit dans une Descente de croix du Musée de La Haye [2], attribuée également à Roger van der Weyden. L'on est étrangement frappé de l'analogie dans les attitudes, les mitres et leurs ornements,

1. Janvier et février 1906.
2. Numéro 63.

les crosses, les chapes enfin, avec leurs orfrois brodés, brochant sur du velours ciselé. Cette mitre se retrouve sur la tête d'un évêque dans le retable de Beaune, dont nous avons déjà dit un mot ; ces orfrois, sur la chape du pape Eugène IV, ce velours de Venise dans celle de l'Ange justicier ; enfin les armes de Nicolas Rolin et celles de Guigone de Salins bienfaiteurs de l'hôpital bourguignon, sont supportées par des angelots, comme le blason de Fillastre dans l'un des volets de Saint-Omer.

Un second portrait de Guillaume un peu moins âgé, debout et de profil, se voit au frontispice des *Chroniques* de Saint-Pétersbourg, avec des ornements épiscopaux absolument identiques à ceux du précédent. La tenture qui orne la muraille, derrière le siège de Philippe le Bon, est la même que celle qui sert de fond dans le portrait à l'huile agenouillé : velours de Venise à entrelacs de chardons et de larges roses. Mais ces deux points établissent simplement la commune origine des deux images de l'évêque de Toul. Ajoutons donc que, dans ce frontispice, l'on trouve, dans le laïc agenouillé avec deux bénédictins derrière Fillastre, une figure connue, celle du donateur, dans une Adoration des Rois du Musée de Munich, toujours attribuée à van der Weyden [1].

Je ne veux pas imposer un nom ; mais je crois ces remarques suffisantes pour démontrer que les volets du retable de Saint-Bertin sont dus, sinon à van der Weyden lui-même, du moins

1. N° 366.

à un peintre flamand appartenant assurément à son école ou à son atelier.

Si l'on voulait récuser van der Weyden, on pourrait d'abord penser à Thierry Bouts, qu'il faut ensuite écarter à cause de la sveltesse exagérée de ses personnages. Il faudrait ensuite songer à Pierre Christus trop peu connu, et sans doute méconnu, qu'un portrait de Philippe le Bon conservé à Lille, avec répétition à Anvers et à Paris, et une jolie tête de femme du Musée de Berlin peuvent parfaitement désigner.

D'ailleurs, si l'on veut bien se souvenir que de 1454 à 1458, suivant une assertion formelle des comptes de l'abbaye, Fillastre fut constamment absent du monastère et retenu auprès de Philippe le Bon qu'absorbaient ses projets de croisade, il faut que l'artiste, auteur de portraits aussi étudiés que ceux du frontispice des *Chroniques* ou du volet gauche du retable, ait vécu à la cour du duc de Bourgogne ou dans une ville lui servant fréquemment de résidence à lui et à ses familiers. Or, Roger van der Weyden était fixé à Bruxelles ; il était le peintre attitré de la Cour, comme le prouvent les commandes à lui faites par les conseillers les plus intimes de Philippe le Bon, avec Fillastre, Rolin et Chevrot.

En outre, l'attribution à Simon Marmion des manuscrits de Bruxelles reposant sur deux faits certains, suffit à prouver que l'enluminure des *Chroniques* de Saint-Pétersbourg, comme la peinture des volets de Neuwied, ne sauraient lui être données. Je me refuse en effet à trouver la moindre analogie entre les portraits de Fillastre dont nous avons parlé, et ceux qui ornent les frontispices de Bruxelles, presque absolument identiques entre eux. L'auteur de ces dernières pages semblerait s'être assez gauchement inspiré, malgré tout son talent, du saint Martin de la Tentation de saint Bertin dont il a imité le profil, mais la chape et la mitre sont totalement différentes.

Cette figure d'évêque de profil se trouve dans presque tous les frontispices des manuscrits de la *Toison d'Or*, et même dans la gravure sur bois des éditions parisiennes de 1516 et 1517. C'était de rigueur, ainsi qu'on peut le voir dans un manuscrit de cet ouvrage, conservé à la Bibliothèque Nationale [1], dont la première page laissée en blanc porte cette indication :

« Ici fault une histoyre en laquelle y a ung prince assis sur une haulte cheze tenant ung livre en la main ; alentour duquel y a a lenviron de luy XII chevaliers, six de chacun cousté, tous abillez de drap dor, et chacun aiant la thoyson dor au col, tous assis en cheses descendans de celle du prince et au dessoubz du prince y a une table dressée et a lung des boutz y a ung escuyer court vestu ayant devant luy sur le bout de la table deux livres, et a les cheveulx iaulnes, ung chappeau pers sur la teste à deux plumes blanches, à l'autre bout ung homme long vestu, la teste nue ayant aussi deux livres devant luy, et, ou millieu de la table, y a ung evesque vestu de chappe et de mitre faisant obstencion dun livre. »

1. N° 6807.

*
* *

L'on trouve un quatrième portrait de Fillastre dans la collection dite des Crayons d'Arras, conservée à la bibliothèque de cette ville, et que vient de photographier M. Giraudon. Le prélat y paraît âgé d'au moins soixante-dix ans, et coiffé d'un chaperon. La ressemblance avec l'image du retable est frappante, à douze ou quinze ans d'intervalle. Il est assez curieux de rapprocher du crayon d'Arras une mauvaise gravure de Fillieul, reproduisant les traits du cardinal de Saint-Marc : l'émail du blason est inexact ; le titre d'évêque du Mans est faux ; l'on se demande, en remarquant que le personnage a, comme un bénédictin, la tête rasée avec une simple couronne de cheveux, si l'on n'a pas confondu Guillaume Ier avec Guillaume II, et représenté le cardinal d'après quelque mauvais portrait de l'évêque.

*
* *

Il nous reste à parler d'un dernier portrait de Fillastre, à peine postérieur à sa mort, qui se trouve dans un manuscrit de la bibliothèque de Saint-Omer contenant la suite des images des abbés de Saint-Bertin [1]. Bien qu'il soit l'un des meilleurs de la série à laquelle il appartient, et assez curieux à cause du soin avec lequel l'artiste a entouré le prélat de tous les insignes

1. Ms. n° 735.

des pouvoirs abbatiaux ou épiscopaux qui lui appartinrent, ce portrait ne mériterait pas de retenir l'attention si l'on n'y voyait figurés, à droite de l'abbé et au-dessus de son blason, deux joyaux dont il enrichit le trésor du monastère : les bustes de saint Bertin et de saint Momelin [1].

Les comptes de l'abbaye conservés aux archives départementales du Pas-de-Calais nous fixent sur le prix et la date d'exécution de ces chefs-d'œuvre, mais ne nous donnent malheureusement pas le nom de l'artiste qui les exécuta. Nous l'avons dit, au sujet du retable qui devait être de la même main, et où, comme dans les bustes, les visages des personnages ainsi que leurs mains étaient peints couleur de chair, un seul orfèvre est nommé dans les archives du monastère : Jean Baenst, de Bruges, à propos d'un achat d'argenterie fait en 1454 ou 1455. On a donc le choix entre ce nom et celui de Hans Steclin, de Valenciennes, mis en avant pour le retable par Mgr Dehaisnes, qui a peut-être une foi trop grande dans ce qu'avance Dom de Witte quant à l'origine de cette pièce.

Quoi qu'il en soit, la châsse de saint Bertin fut exécutée de 1462 à 1464, et son prix s'éleva à la somme de six cent quatre-vingt-dix-sept livres, payée en deux fois. Celle de saint Momelin, destinée à contenir le chef du saint, premier compagnon et même supérieur de saint Bertin, est indiquée comme ayant coûté seulement quarante-huit livres dans le compte de 1466-1467.

Le buste de saint Bertin a malheureusement disparu pendant la Révolution ; il nous en reste une bonne reproduction

1. Graineterie, 1411-1483, vol. 78, passim.

CHEF DE SAINT-MOMELIN

CHEF DE SAINT-BERTIN

dessinée par de Roose et gravée par Bouttat. Le personnage apparaît, entouré d'anges, sur un léger piédestal formé d'arcades gothiques et flanqué d'élégants contreforts ; à la base du monument l'on voit, comme supports, huit cerfs, ce qui était une flatterie héraldique à l'adresse de Guillaume Fillastre, dont les armes ornent d'ailleurs le centre du socle. Les administrateurs du district de Saint-Omer semblent avoir médiocrement prisé ce chef-d'œuvre si l'on en juge par la description qu'ils en donnent dans le procès-verbal retrouvé par M. l'abbé Bled [1] :

« Avons ensuite examiné la châsse de saint Bertin qui se trouve dessus l'autel à la romaine, dans le chœur de ladite église et en avant du retable ; et avons reconnu qu'elle étoit en partie couverte de lames, plaques et figures d'argent doré et cuivre doré, orné de quelques pierreries dans le genre et la valeur des précédentes. Le tout est enrichi de pierreries qui ne sont pas de grande valeur puisque ce sont tous des cristaux colorés de différentes manières, d'un travail très ordinaire et dont la valeur, sans comprendre comme dessus celle de la dorure qui est ancienne, a été estimée par ledit Rinot à trente marcs d'argent... »

Peut-être espéraient-ils, après tout, en dépréciant cet objet, pouvoir le conserver. Ils n'y ont pas réussi.

Le buste de saint Momelin fut plus heureux. Le 2 décembre 1791, le maire de la commune de Saint-Momelin et un mar-

1. *Bulletin des antiquaires de la Morinie*, X, 619.

guillier de la paroisse réussirent à faire lever les scellés du trésor de Saint-Bertin, et à se faire remettre comme propriété de leur église, « le chef de saint Momelin, patron de notre paroisse, lequel est en argent doré enrichi de pierreries de différentes qualités et couleurs, fausses pour la plupart, à l'exception des perles qui sont mortes par leur vétusté [1] ».

Le malheureux reliquaire devait exciter également la convoitise du district de Bergues où il entrait, en passant du Pas-de-Calais dans le Nord, d'Artois en Flandre. Heureusement les autorités de Saint-Momelin restèrent sourdes aux réquisitions, et le buste fut sauvé par le bedeau du village qui l'enterra dans son jardin. Il est aujourd'hui conservé dans l'église de la commune, où il attire de nombreux pèlerins et visiteurs. M. le Ministre de l'Instruction publique et des Beaux-Arts l'a classé à titre définitif comme monument historique, par décret du 29 décembre 1906.

Le saint, en vermeil, dont le visage a été repeint depuis 1792, repose sur un socle d'argent. Sur le devant de la mitre, qui est d'un travail particulièrement précieux, un bouton, servant de fermoir, permet de rabattre la coiffure et de laisser à nu le crâne, au sommet duquel se trouve une relique sous un morceau de cristal de roche. Les Bollandistes sont donc dans l'erreur quand ils prétendent, dans la vie de saint Momelin, que ses reliques, conservées à l'abbaye de Saint-Bertin, furent

1. Archives départementales, district de Saint-Omer. Domaines nationaux. Communication de M. l'abbé Bled. Archives de Saint-Momelin.

profanées et perdues en 1793 : l'identité du buste qui orne aujourd'hui l'église de Saint-Momelin avec le reliquaire exécuté pour Guillaume Fillastre en 1466 ne peut faire l'ombre d'aucun doute.

*
* *

Un familier de la cour des ducs de Bourgogne devait nécessairement s'intéresser aux haute-liciers de Flandre, dont les œuvres avaient, au XVe siècle, une réputation européenne [1]. Son maître Philippe le Bon ne paya-t-il pas, en 1454, trois cents écus, les cartons de l'Histoire de Gédéon ou de la *Toison d'Or*, peints par Baudoin de Bailleul, qui furent reproduits, en huit pièces, dans les ateliers de Tournai, de 1449 à 1453, pour la somme considérable de 8.960 écus [2]? C'est sans doute dans cette ville, où l'existence d'ateliers est connue depuis 1352, que Fillastre fit exécuter la suite dont parle l'historien Jean Cousin :

« Il avoit aussi fait faire des tapisseries contenantes histoires du vieil et nouveau Testament, si comme la passion de Notre Sauveur, qu'il fit tendre une fois au chœur de l'église de Tournay, à l'intention de les donner à ladite église, lesquelles demeurèrent là tendues si longtemps qu'il demanda

1. Abbé Roussel. Voir aussi Dom Martène, continuateur d'Ypérius, VI, 626.

2. Pinchart, *Histoire générale de la tapisserie* ; tapisseries flamandes, p. 74 et 75 ; — 142, 154, III.

si on ne les osterait point, et estant adverty que quelques chanoines avoient répondu que pour ce faire il falloit qu'il donnat quelque revenu, il les fit oter et replier à ses despens et sans autre chose les fit charger sur un chariot et les envoya à l'abbaye de Saint-Bertin, ordonnant qu'on les tendrait ordinairement depuis Pâques jusques à l'Assomption Notre-Dame [1]. »

Un manuscrit (n° 184) de la bibliothèque de Saint-Omer contient une série de 44 enluminures reproduisant ces panneaux de tapisserie [2], qui étaient divisés chacun en quatre sujets, à l'exception de l'avant-dernier qui n'en comportait qu'un : le Royaume des cieux ; et du dernier qui en possédait trois. Cent soixante-douze scènes se trouvaient ainsi représentées. Au recto du feuillet liminaire se trouve une inscription ne laissant aucun doute sur l'origine de cet album et son propriétaire :

« Chy sensieut le contenu de la tapisserie de Saint Bertin en Saint Aumer.

> Pour che que aulcuns sont curieulx
> Scavoir le dieu des dieux
> Reugnant en plaine éternité
> Volu descendre des sains chieux
> Et de son trosne glorieux

1. T. II, p. 238.
2. Les feuillets sont de 295 mm. × 210 mm. ; les images 190 mm. × 150 mm.

Pour prendre notre humanité,
Icy te sera recité
Comment il fut à ce incité
Tant que porras veoir as yeux
Que che ne fut pas vanité,
Ne pour quelque nécessité
Fors par son plaisir gracieux.

« Che livre ichÿ apartient à Sire Philippe de Givenchy relligieux à Saint Bertin en Saint Aumer au diocèse de Terruane. »

Malgré son caractère fruste, cette bible en images présentait cependant un réel intérêt iconographique et surtout littéraire. Aussi M. Boitel, membre de la *Société des Antiquaires de la Morinie*, crut-il devoir, à ce titre, en photographier tous les feuillets. Cette opération, en attirant son attention successivement sur chacun des sujets, lui a permis de faire une découverte fort curieuse : l'identification de trois fragments de tapisserie, conservés au musée de Saint-Omer, dont on ignorait la provenance et qui sont certainement des débris des panneaux donnés par Fillastre à son église abbatiale de Saint-Bertin.

Le premier de ces fragments représente partiellement la scène qui se trouvait en haut et à droite du second panneau : Dieu montrant au premier homme l'arbre du bien et du mal :

Pour reparer le grant oultrage
Que le mauvais Angele comist,
Dieu fourma lomme à son image
En champ Damcène, et le fist

De pure terre, et puis le mist
A garder paradis terrestre.
De tous fruis user lui permist
Fors dun que a lui seul volloit estre.

L'on aperçoit seulement Adam et le tronc de l'arbre devant lequel Dieu le conduit par la main, et, sous le soubassement qui cache les pieds du personnage, la fin du mot : comist.

Le second fragment reproduit la famille du premier homme :

Lomme en travail et en sueur
De son corps il acquiert sa vie,
La femme enfante en grant douleur
Car elle fut ainsi maudie.
Chi commenche humaine lignie
Servant à Dieu qui de la nue
Regarde Abel, Cayn denvie
Et de despit son frère en tue.

C'est le sujet qui se trouvait en haut et à gauche du quatrième panneau. On distingue Adam bêchant le sol, Caïn transportant une pierre, et Ève, avec le petit Abel sur les genoux.

Avec le quatrième fragment nous quittons la Genèse pour entrer dans l'histoire. L'auteur de l'album nous a prévenus de la disposition des sujets, à partir de ce moment : « Pour avertir cheux qui ne scavent pas les hystoires, il est assavoir que en chacun paquet il y a quatre hystoires, la première si est du nouvel Testament et les autres trois sont du vieulx Testament correspondant au nouvel. »

Le premier panneau était consacré à l'annonciation de la naissance de la Vierge, par l'ange, à Joachim et aux figures anciennes prédisant cet événement.

Ceste Vierge qui fut la mère
Du filz de dieu fut anoncée
Par l'angele à Joachim son père.
Ainsi fut jadiz révélée
La fille Astriages ornée
De la Vigne qui delle issoit
Parche elle fut segnefiee
Que mère au roy Sirus seroit.

C'est le jardin, la fleur, la rose
Dont le roy Salomon chanta ;
C'est la fontaine qui est close
Qui les ames rassasira.
Balaam le nous prophetisa
Par l'estoille que au ciel vit luire
Quant langele son asne aresta
Car il aloit au peuple nuire.

La scène, entière cette fois, est celle que décrivent les deux derniers vers du second couplet.

CHAPITRE IV

MAUSOLÉE DE FILLASTRE

Fragments de ce mausolée. — L'épitaphe et un couronnement au musée de Saint-Omer. — La Cène de l'église Saint-Denis. — L'Annonciation de l'église de Saint-Martin-au-Laërt. — Travaux de M. Ansel sur ce mausolée. — Découverte de Mgr Dehaisnes. — Transport du monument de Florence à l'Écluse, en 1469. — Son prix de revient. — Thomas Portinari et Angelo Tani, agents du transport. — Attribution du mausolée à Andrea della Robbia. — Hypothèse de reconstitution du monument. — Le médaillon de la Vierge allaitant l'Enfant à l'église Saint-Jacques de Bruges.

L'un des plus curieux et précieux monuments laissés par Guillaume II Fillastre à l'abbaye de Saint-Bertin était peut-être le mausolée qu'il avait fait exécuter de son vivant en Italie. Malheureusement le tombeau fut démoli en même temps que l'église du monastère dans laquelle il se trouvait, à gauche du portail méridional : il n'en reste que des fragments que nous allons énumérer.

C'est d'abord le don fait au musée de Saint-Omer, en 1838, par M. Albert Caullet, consistant en une dizaine de morceaux de terre cuite émaillée, qui, rassemblés avec soin, permirent

ANDREA DELLA ROBBIA

TOMBEAU DE GUILLAUME FILLASTRE

Lunette et Épitaphe

Musée de Saint-Omer

de reconstituer à peu près la moitié de l'épitaphe de Fillastre, dont voici le texte :

Abbas quisquis erat clara Willelmus in aula
Hoc jacet in templo cui bona multa tulit.
Virduni fuit hic presul, Tullique deinceps,
Indeque Tornaci per pietatis opus.
Hic ducis invicti Burgundi in sede Philippi
Consilii primus qui bene nosset erat.
Sic omnes morimur sed virtus sola beatos
Efficit illa comes te que, Guillelme, beat...

Cette inscription se lit sur un rouleau figurant un parchemin et encadré d'une riche couronne de lauriers soutenue par un ange dont on ne distingue plus que l'aile et la main du côté gauche. Le tout était flanqué de deux personnages, en guise de supports. Il ne reste que celui qui se trouvait à gauche : c'est la Mort, enveloppée d'un linceul et tenant, de sa main droite voilée, une banderole sur laquelle se lit cette légende :

Nemo me lacrimis decoret neque funera flete,
Non enim credo lugendam mortem quam immortalitas...

Il faut rapprocher ce fragment de quelques morceaux qui ne sont pas exposés, provenant des fouilles que la *Société des Antiquaires de la Morinie* fit exécuter en 1844 ; ils appartenaient à des personnages debout, comme la Mort, et porteurs comme elle d'inscriptions appropriées à la situation. Plusieurs débris peuvent être rapprochés, ainsi que nous nous en sommes assurés avec M. Charles Deschamps de Pas, conservateur du musée. Ils permettent de supposer que le sarcophage proprement dit devait avoir 2 mètres de long sur 0 m. 75 de haut, et qu'outre l'épitaphe et ses supports, il était probablement orné de deux groupes flanquant le motif principal, et composés chacun de trois ou quatre personnages de même dimension que la Mort, et supportant comme elle des phylactères.

Toujours au musée de Saint-Omer, se voit un second fragment de 0 m. 27 sur 0 m. 51, arbitrairement placé au-dessus de l'épitaphe, bien qu'il n'ait aucun rapport direct avec elle, en dehors de leur commune origine. C'est une lunette en forme de coquille, de laquelle sort le buste d'un prophète déroulant la légende suivante : « Mulier circumdabit virum », qui semble devoir s'appliquer plutôt au sujet de l'Annonciation qui sera expliqué plus loin. Trouvé, comme l'épitaphe, dans des décombres en 1838, il fut offert au mois de septembre de cette année par M. Pruvost, greffier du tribunal civil.

L'église Saint-Denis, à Saint-Omer, conserve un autre fragment du mausolée, le plus important par ses dimensions : 1 m. sur 0 m. 75. C'est toute la partie centrale de la Cène. Entouré de quatre apôtres que l'on ne saurait exactement identifier, le Christ, sur l'épaule duquel saint Jean repose endormi, donne la communion à saint Pierre assis au premier plan, presque en face du Seigneur. Les deux bouts de table, où devaient être assis trois disciples de chaque côté, manquent évidemment. La chaire de l'église archiprêtrale de Santa Fiora, en Italie, nous présente un bas-relief postérieur de près d'un siècle à celui-ci, bien qu'assurément inspiré sinon par lui, du moins par son croquis ou sa maquette, et qui peut donner une idée assez exacte des parties faisant défaut ici, tout en permettant d'évaluer à 2 mètres environ la largeur totale du sujet primitif, qui est précisément celle du sarcophage.

Sauvé et donné à l'église par M. Delpierre-Vanhove, ce fragment a été placé contre le premier pilier de gauche, au-dessus du bénitier, à une hauteur malheureusement trop considérable pour qu'on puisse admirer le chef-d'œuvre comme il le mérite.

Enfin, aux environs de Saint-Omer, en l'église Saint-Martin-au-Laërt, à droite du chœur, l'on trouve un quatrième et dernier fragment de 0 m. 75 sur 0 m. 50. Il représente l'Annonciation. Aux pieds de la Vierge assise, tenant un livre fermé dans ses deux mains, est agenouillé l'ange porteur d'une branche de lis; au-dessus apparaît, dans une nuée, entouré de six têtes de chérubins, le buste du Père Éternel qui bénit de la main droite, tandis qu'il semble donner, de la main gauche, la liberté à une colombe prenant son essor vers la Vierge. Ce délicieux petit bas-relief a été longtemps encastré dans le mur extérieur de l'ancienne église du village, sous la troisième fenêtre à droite de la porte latérale, et au-dessus de l'inscription funéraire de Marie-Thérèse Bernard, veuve de François-Julien Delvallée, inhumée dans le cimetière de la paroisse le 25 février 1816.

L'on a cru d'abord, à Saint-Omer, que le monument de Guillaume II Fillastre avait été élevé à sa mémoire par Jean de Lannoy, son successeur, à l'époque où des travaux exécutés dans l'intérieur de l'église abbatiale nécessitèrent l'exhaussement du sol, et le changement du dallage dans lequel avait été encastrée une première épitaphe, gravée sur une plaque de cuivre. Bien qu'il y ait eu de tout temps un courant attribuant ce mausolée aux della Robbia, certaines personnes voulaient y voir un produit de la céramique flamande, et prétendaient le prouver par la nature de la terre et la qualité de l'émail.

De ce nombre était un chercheur audomarois, M. Ansel, qui, à la fin du siècle dernier, rassemblait des documents sur la céramique à Saint-Omer, et espérait faire de l'histoire du tombeau de Fillastre une magnifique préface pour son ouvrage. En 1890, il entra en correspondance avec Mgr Dehaisnes, célèbre critique d'art de la région du Nord, qui partagea son avis *à priori* : c'était précisément l'époque où ce dernier érudit compulsait tous les comptes de l'abbaye de Saint-Bertin et de l'évêché de Tournai, dans l'espoir d'y trouver une mention relative aux volets du retable de Saint-Bertin. C'est au cours de ces investigations qu'il découvrit, en avril ou mai 1890, l'acte de naissance du mausolée dans un compte de l'évêché de Tournai pour l'année 1469-1470.

Les différentes pièces du monument avaient été exécutées à Florence, car Angelo Tani, chargé de la *conduite* de ces ouvrages jusqu'à leur chargement sur une galère à Pise, avait reçu II c. VI l. XII s. VI d. Par *conduite*, il faut évidemment entendre l'exécution des bas-reliefs et leur voiturage jusqu'à la mer. Enfin le transport de Pise à l'Écluse, port voisin de Bruges, coûta XLIX l. IIII s., payées à Tommaso Portinari.

Ce Portinari, issu peut-être de la même famille que la Béatrice aimée du Dante, fille d'un Folco Portinari, était évidemment un grand négociant et armateur florentin, représentant officieux des Médicis, qui habitait à Bruges avec ses frères Benedetto et Folco, et possédait encore, en avril 1473, une galère « armoyée aux armes de feu notre seigneur le duc Charles ». Il fut même accusé d'avoir fait avec elle de la contrebande de guerre. Quant à Tani, M. Ansel et Mgr Dehaisnes avaient cru reconnaître en lui un autre marchand florentin, également fixé à Bruges. Je ne puis admettre cette opinion, car j'ai trouvé, dans un compte de l'évêché de Tournai [1], conservé à Arras et portant la date 1470-1471, la mention « d'Angele Thanis », secrétaire de Monseigneur. La présence de Tani à Florence, vers cette époque, est d'ailleurs attestée par la célébration de son mariage en 1466, et la rédaction de son testament en 1467. Il profita vraisemblablement de son voyage de retour à Bruges pour rendre à son patron le service de ramener le riche mausolée, commandé environ cinq ans plus tôt [2].

1. Jehan Deschamps, receveur ; relié dans la Graineterie de Saint-Bertin, vol. 78.

2. Les noms de Tani et de Portinari se trouvent associés dans une autre affaire de transport d'objet d'art. — Tani, en rentrant à Bruges après son mariage, avait fait exécuter un triptyque du *Jugement dernier* (attribué à

Bien que l'on puisse avoir une foi entière dans la correspondance échangée entre M. Ansel et Mgr Dehaisnes, qui m'a été donnée avec une parfaite amabilité par le Dr Wintrebert de Lille, héritier du premier avec M. de Soil, conservateur du musée de Tournai, j'aurais désiré retrouver le compte de 1469-1470 que Mgr Dehaisnes prétend avoir compulsé dans les archives de Bruxelles. Je l'y ai vainement cherché, ainsi qu'à Mons où les papiers de l'évêché de Tournai ont été transportés depuis, à Tournai même, enfin à Lille et à Arras où je n'ai pu mettre la main que sur les comptes de l'année suivante. La piste, vieille de seize ans, est singulièrement refroidie ; je puis m'estimer assez heureux qu'une première recherche à Tournai m'ait mis sur la trace de M. Ansel, de sa correspondance avec Mgr Dehaisnes, et de M. le Dr Wintrebert.

Ainsi se trouve affirmée cette assertion d'un continuateur d'Ypérius : « Guillermus Fillastre titulum sepulture sue, sculturamque cum imaginibus et tumbam quam dum viveret ordinaverat, ex Italia transferri curaverat, in navi ecclesie ante clausuram crucis honorifice tumulatus. »

Memling et visiblement apparenté au retable de l'hospice de Beaune). Il en confia le transport pour Pise à Portinari qui l'embarqua sur sa galère avec d'autres marchandises. Or, la Hanse d'Allemagne étant en guerre avec les Anglais, un de ses corsaires captura la galère de Portinari. D'où un long procès au sujet de cette saisie illégale, puisque la galère ne transportait pas de contrebande de guerre. Nous avons le dossier du litige où est détaillé l'inventaire estimatif de la cargaison. Le triptyque et une balle de tapisserie y voisinent avec trois balles de poivre ; peintures et tapisseries sont évaluées respectivement 360 et 324 florins, et le poivre 440 florins.

ANDREA DELLA ROBBIA

LA CÈNE

TOMBEAU DE GUILLAUME FILLASTRE

Église Saint-Denis à Saint-Omer

ANDREA DELLA ROBBIA

LA CÈNE

TOMBEAU DE GUILLAUME FILLASTRE

Église Saint-Denis à Saint-Omer

Le lieu d'origine, Florence, et la précision de la date 1469, indiquaient assez l'atelier des della Robbia, déjà suffisamment révélé par tous les caractères distinctifs des bas-reliefs et leurs émaux : saillies blanches sur fonds bleus, à part quelques accessoires en vert, comme la couronne de l'épitaphe et le feuillage de branche de lis ; en noir, comme les inscriptions ; en bistre, comme l'ornementation des angles supérieurs de la figure du prophète et le terrain de l'Annonciation ; en jaune d'or enfin, comme un curieux débris de bordure verticale fleurdelisée, provenant de l'encadrement de la Cène. Mais une hésitation demeurait permise entre Luca et Andrea, Fillastre ayant dû, lors de son voyage à Rome, soit à l'aller soit au retour, en 1463, commander son mausolée, achevé en 1469. J'inclinais cependant en faveur du neveu, le sculpteur classique des monuments, et je résolus de consulter à ce sujet le plus récent historien des della Robbia, M. Marcel Reymond, auquel je pus soumettre d'excellentes photographies, grâce à la collaboration d'un de mes collègues de la *Société des Antiquaires de la Morinie*, M. Boitel.

M. Reymond accueillit mes communications avec enthousiasme : « Vous venez de m'envoyer des œuvres d'un intérêt exceptionnel, m'écrivit-il, œuvres magnifiques qui, par la simplicité des draperies, la beauté du style, s'emplacent dans la jeunesse d'Andrea, au moment où il subissait encore l'influence et recevait les conseils de Luca... »

La couronne de lauriers est plus belle, d'un style plus avancé que dans le monument de Federighi. La Mort, une rareté ! c'est un motif qui n'avait jamais, à sa connaissance, été traité en Italie au XVe siècle.

La Cène est certainement la seule qui ait été représentée par Luca ou Andrea. Celle de Santa Fiora, faite par un artiste ignorant un demi-siècle plus tard, d'après le souvenir ou le modèle du tombeau de Fillastre, n'est plus que la caricature d'un chef-d'œuvre dans lequel le groupe du Christ et de saint Jean est de la plus sublime beauté, et l'un des plus remarquables morceaux des della Robbia.

L'Annonciation rappelle le même sujet, et la Nativité de La Verna ainsi que le Tobie de la chapelle Vieri-Carrigiani ; la Vierge et l'Ange y ont les mêmes attitudes que dans une petite Annonciation placée dans le soubassement du retable de Sainte-Marie-des-Anges, à Assise.

Ce qui augmente encore la valeur intrinsèque des fragments du tombeau de Fillastre, c'est qu'ils proviennent du seul mausolée connu exécuté par les della Robbia, entièrement en terre cuite, car le cénotaphe de Federighi est en marbre avec une simple bordure en mosaïque de céramique.

Ce monument vient enfin confirmer, en outre, l'assertion de Vasari affirmant, mais sans exemple à l'appui, que les della Robbia avaient envoyé des œuvres à l'étranger. Or, en l'absence de documents probants, on ne pouvait citer qu'une *Mise au tombeau* de Marseille, un retable de Séville et certains travaux commandés par René d'Anjou. L'hypothèse est donc désormais historiquement démontrée.

Reste la question de la reconstitution du monument entier de Guillaume Fillastre, car j'estime que tous les fragments disséminés à Saint-Omer et à Saint-Martin-au-Laërt en proviennent.

On imagine facilement un sarcophage orné, au centre, de l'épitaphe, sur la face antérieure duquel se voient en relief un certain nombre de personnages donnant assez l'impression générale qui se dégagerait d'une combinaison d'éléments empruntés à la fois à la tombe de Federighi, dans l'église de la Trinité à Florence, et à la frise de l'hôpital du Ceppo à Pistoie. Le témoignage d'un témoin oculaire, M. Deschamps de Pas, conseiller du bailliage de Saint-Omer, témoignage rapporté par son fils dans une notice sur l'église Saint-Denis publiée en 1840, permet d'affirmer que « la figure de l'abbé était posée sur son tombeau », de même que celle de Benoît Federighi sur le cénotaphe de Florence, bien que cette dernière soit en marbre ; car l'existence à Bolsena, en Italie, d'une image de sainte Christine étendue, après son martyre, fournit un exemple unique, croyons-nous, d'une statue couchée en terre cuite.

Le sarcophage était évidemment encastré dans un renfoncement dont la partie supérieure devait être décorée du bas-relief de la Cène, de même que, dans le tombeau de Federighi, le Christ ressuscité entre la Vierge et saint Jean apparaît au-dessus du cénotaphe. Cette Cène, dans son entier, avec les deux extrémités de la table, avait exactement la longueur du sépulcre : environ deux mètres.

Quant à l'Annonciation, il est impossible, semble-t-il, de la placer ailleurs qu'au sommet de l'ensemble, comme couronnement, au milieu et au-dessus de l'excavation rectangulaire où devaient prendre place le sarcophage et le bas-relief de la Cène. Elle était vraisemblablement surmontée du buste du prophète à la devise, et flanquée soit de deux anges adorateurs, soit de consoles venant meubler les soixante-quinze centimètres laissés vides de chaque côté par sa forme élancée.

Il conviendrait d'ajouter les armoiries de l'abbé, au-dessus de sa tête, suivant M. Deschamps de Pas, ou plutôt dans la partie supérieure de l'édicule. Leur pièce principale avait fait connaître ce monument, dans les derniers temps de l'abbaye, sous le nom de « tombeau de M. Lecerf ». Peut-être cette désignation était-elle due en principe à quelque héraldiste local qui avait rapproché le blason des Fillastre de celui des de Cerf, vieille famille des Flandres. Ils sont en effet absolument identiques, sauf l'interversion des émaux et l'absence d'une bordure engreslée.

Mais ce ne sont là que des suppositions qui ont grand besoin d'être mûries par l'étude approfondie de monuments comme ceux d'Eugène IV dans le cloître de S. Salvatore in Lauro, et du cardinal Antoniotto Pallavicini en l'église Sainte-Marie-du-Peuple à Rome, ou celui de Leonardo Bruni, par Bernardo Rossellino, en l'église Sainte-Croix de Florence.

En tout cas, la présence des armoiries n'a rien qui surprenne, car l'on en trouve de nombreux exemples dans les œuvres des della Robbia. Les armoiries Pazzi et Serristori, du

ANDREA DELLA ROBBIA

L'ANNONCIATION

[illegible]

[illegible]

ANDREA DELLA ROBBIA

L'ANNONCIATION

TOMBEAU DE GUILLAUME FILLASTRE

Église de Saint-Martin au Laërt

Palais Quaratisi à Florence, celles de René d'Anjou au South Kensington Museum de Londres, comptent parmi les ouvrages les plus connus de Luca. On en rencontre, comme accessoire, chez Andrea, dans les soubassements de l'Annonciation et de la Madone de la Cintola à La Verna, et plus tard dans l'Adoration des mages à Londres.

Peut-être découvrira-t-on un jour un croquis ou une description détaillée du tombeau, permettant de préciser sa reconstitution autrement que par des conjectures plus ou moins faiblement appuyées sur des comparaisons avec certains monuments contemporains du même genre, existant à Florence et à Rome. Mais, en attendant une reconstitution définitive et complète, dont s'enrichirait et s'enorgueillirait le musée de Saint-Omer, il était intéressant d'ajouter un chapitre bien français à l'histoire des della Robbia.

Nous avons à signaler une autre exportation à l'actif de l'atelier des della Robbia : c'est une Vierge allaitant l'Enfant en reliefs blancs sur fond bleu, de forme ronde et entourée d'une riche guirlande de fruits et de fleurs polychromes, en l'église Saint-Jacques à Bruges, où elle a été enchâssée depuis peu dans le retable d'autel de la chapelle de Ferry le Gros. — M. Weale, dans ses divers ouvrages, l'avait attribuée à Luca. — M. Hymans, dans *Bruges et Ypres*, p. 47, la restitue, avec raison je crois, à Andrea. Bien que la Madone soit ici absolument différente, il faut évidemment rapprocher cette reproduction du médaillon du Bargello, la Vierge entre deux anges, de même forme, que M. Reymond a également donné à Andrea. Le sujet de l'allaitement de l'Enfant ne se retrouve pas dans les œuvres des della Robbia, ce qui donne un particulier intérêt à celle-ci.

Ne faut-il pas aussi établir une corrélation quelconque entre la présence du grand monument de Fillastre à Saint-Omer et celle du coquet médaillon à Bruges? « La présence, dit M. Hymans, de cette faïence d'origine italienne dans une église flamande, s'explique sans doute, par l'intervention généreuse de quelque résident florentin à Bruges ». Si cet écrivain avait su que Tommaso Portinari, propriétaire de l'un des plus beaux hôtels du quartier Saint-Jacques (la maison à tourelles, construite rue des Aiguilles par Pierre Bladelin, intendant des finances de Philippe le Bon), que Tommaso Portinari, dont la famille intervint, dit-on, au XVe siècle, dans les travaux d'agrandissement de Saint-Jacques, fut précisément chargé du transport du monument de Fillastre, l'auteur de *Bruges et Ypres* eût certainement vu dans sa personne le donateur de cette majolique qu'il convient, à coup sûr, d'ajouter à la liste des œuvres des della Robbia envoyées de leur vivant à l'étranger.

CHAPITRE V

DESCENDANCE DE JEANNE FILLASTRE, SŒUR DE GUILLAUME

Les de Failly, seigneurs de Milly-devant-Dun, de Rèchicourt-lez-Verdun, de Bernissart, du Wez, de Remilly, du Fay, de Hautecourt, de Walcape, etc.

I. — Mille (alias Gilles de Failly), chevalier, seigneur de Milly-devant-Dun et de Rechicourt-lez-Verdun, épousa Jeanne Fillastre [1], dite de Monson (alias Marson), sœur de Guillaume, évêque de Verdun de 1437 à 1448, dont est né :

II. — Guillaume de Failly, chevalier, seigneur de Rechicourt, de Bernissart et du Wez, fut successivement écuyer d'écurie de Charles de Bourgogne ; conseiller et chambellan de Corneille, dit le Grand Bâtard de Bourgogne, mort en 1452 ; enfin conseiller et chambellan du duc Charles le Téméraire en 1469 ; il mourut avant 1511, après avoir épousé :

1. Fillastre : écartelé aux 1 et 4, de gueules à la tête de cerf d'or, à la bordure engreslée du même ; aux 2 et 3, d'or au chevron de gueules, accompagné de trois merlettes du même.

1° en 1465, Quintine Bernard[1], fille de Marc, bourgeois de Tournai, le 23 mai 1439, juré en 1442, décédé le 12 avril 1454, — et de Catherine de Saint-Genois[2]. Elle mourut avant 1475;

2° Jeanne (alias Marie) de Sainte-Aldegonde[3], dame de Longuenesse par relief fait en 1472, fille de Jacques, chevalier, gouverneur de Saint-Omer en 1464, et d'Isabeau de Blondel, dite de Joigny.

Il eut pour enfants:

A. Du premier lit: 1° Guillaume; 2° Jean qui suit; 3° Agnès; 4° Michelle.

B. Du second lit: 5° Joachim, chevalier, seigneur de Rumilly, qui épousa:

1° Isabeau (alias Françoise de Sempy[4]), fille de Pierre, chevalier seigneur de Rumilly et de Boisdinghem, et d'Antoinette Le Prévost, dont une fille, Anne, « mariée à son plaisir[5] ».

1. Bernard: de gueules à l'épée d'argent en pal, emmanchée, pommetée et croisée d'or, cotoyée de deux étoiles du même. M.D.S.D.H., suite du Supplément au nobiliaire des Pays-Bas, t. I, p. 187.

2. Fille de sire Simon de Saint-Genois, l'aîné, Grand prévôt de Tournai (1449-1451) et de Marie Tiebegot. — *Généalogie de la famille Tiébegot* par le comte du Chastel de la Howarderie-Neuvireuil, p. 15.

3. Sainte-Aldegonde: d'hermine à la croix de gueules, chargée de cinq roses d'or. — Dans ses *Recherches généalogiques sur les comtes de Ponthieu*, Boulogne et Guines, t. III, p. 1323, M. de La Gorgue Rosny la nomme Marie et appelle son mari le sire de Sailly.

4. Sempy: d'argent au lion de sable, armé et lampassé de gueules. — La Gorgue Rosny, t. III, p. 1379, la nomme Françoise, et appelle son mari Joachin de Sailly, seigneur de Milly, avec cette source: Histoire de la maison d'Isque.

5. Bibliothèque de Lille, ms. 137, f° 176.

2° Jeanne de Berghes [1], fille de Jean, chevalier, seigneur de Gehen, Olham, etc., chambellan ordinaire de Charles VIII, mort en 1494, et de Claude d'Azincourt, dame de Seninghem ; dont : Françoise, alliée le 9 juillet 1547 à Philippe de La Viesville [2], écuyer, seigneur de Watou, et mère d'Eustache, chevalier, seigneur de Steenwoorde, gouverneur de Tournai en 1578, mort en 1614.

III. — Jean de Failly, chevalier, seigneur de Bernissart, décédé le 31 décembre 1504, avait épousé Guillemette de Boutry-Jouy [3], fille de Jean, écuyer, mort en 1505, et de Jeanne de Vaux, de laquelle sont issus :

1° Jean, qui suit ; 2° Jacques, chevalier, seigneur du Fay, qui s'allia à Catherine d'Anneux [4], dite d'Abancourt, fille de Philippe, chevalier, Grand prévôt de Cambrai, décédé en 1559, et de Marie de Montigny dite de Sivry, dont :

1° Gérard ; 2° Adrien ; 3° Charles, morts tous trois à marier ; 4° Jacqueline, décédée en 1624, épousa le 12 août

1. Berghes : d'or au lion de gueules, armé et lampassé d'azur. — Suite du Supplément au nobiliaire des Pays-Bas, t. IV, p. 246.

2. Le Blond, *Quartiers généalogiques*, I, 215.

3. Boutry-Jouy : d'argent à trois bouteilles de gueules. — Le Carpentier, *De l'Estat de Cambray et de Cambrésis*, IIIe partie, p. 318, ne donne pas sa filiation, mais dit sa descendance jusqu'à la seconde génération.

4. Anneux : d'or à trois croissants de gueules. — Le Carpentier, *De l'Estat de Cambray et de Cambrésis*, IIIe partie, p. 83, se trompant d'une génération, dit : « Jacques, fils de son frère Jean et de Marie de Hannaërt. » Voir pour la véritable filiation de Jacques : Le Blond, *Quartiers généalogiques*, I, 202.

1598 Antoine de Beaulaincourt [1], écuyer, seigneur de Lanson, mort en 1620, dont : un fils, Georges, chevalier, le 27 mars 1632, décédé en 1668 sans postérité de Marie des Enffans, et une fille Marie, chanoinesse de Denain ; 5° Anne, morte le 18 mai 1644, après avoir testé le 12 février 1636, mariée en 1595 à Henri de Preud'homme (d'Hailly), dit d'Annapes, écuyer, seigneur de Cocquignies, des vicomtés de Nieuport, décédé le 19 juillet 1634.

3° Guillaume (?) dit de Bernissart [2], né à Hasnon, religieux de Saint-Bertin, le 23 septembre 1538, maître de la fabrique, chapelain de l'abbé, mort le 29 juin 1559 ; 4° Isabelle ; 5° Philippote, femme d'Hippolyte Caisaro, gentilhomme italien.

IV. — Jean de Failly, chevalier, seigneur de Bernissart, écuyer de Marie, reine douairière de Hongrie, Grand bailly de Tournai en 1558 [3], décédé le 16 avril 1582 et inhumé à Bernissart avec sa femme Marie de Hannaërt [4], morte le 31 juillet 1588, qu'il avait épousée en 1552, fille de Jean, vicomte de Bruxelles en 1537, chevalier de Saint-Jacques,

1. *Généalogie de la famille Hardy, dite de Beaulaincourt*, par le comte du Chastel de la Hawarderie-Neuvireuil, p. 20.

2. De Laplane, *les Abbés de Saint-Bertin*, IIe partie, p. 100.

3. Bibliothèque de Bruxelles, ms. 5693, f° 397 et 386.

4. Hannaërt : d'or à la fasce d'azur, accompagnée en chef d'un lion issant de gueules, parti d'or à l'aigle éployée de sable, au sautoir de gueules brochant. — *Fragments généalogiques*, IV, p. 10 : Le Blond, *Quartiers généalogiques*, II, 295.

secrétaire de l'empereur Charles V, et de Marguerite de Gand, dite Vilain, vicomtesse de Lombeke. Il eut pour enfants :

1° Jean, mort en Italie, le 31 décembre 1580 ; 2° Charles qui suit ; 3° Jacques, chevalier, bourgeois de Tournai, membre de la magistrature en 1603, mort le 1er février 1610 après avoir testé le 20 janvier, époux de Louise d'Harchies [1], qui testa le 14 février 1625, fille d'Arnould, chevalier, seigneur de Milomez, et de Guillemette de Clèves-Ravenstein, de laquelle était née Marie, baptisée à Saint-Jacques de Tournai le 24 avril 1601, morte le 28 dudit mois ; 4° Marie, sans alliance.

V. — Charles de Failly, chevalier, seigneur de Rechicourt et de Bernissart, créé chevalier le 22 avril 1598 par lettres expédiées de Madrid, mort le 23 février 1626, marié en l'église Saint-Jacques de Tournai, le 9 mai 1583 à Isabeau de Tollenaere [2], dame de Hautecourt, décédée le 28 mai 1613, fille de Jean, écuyer, seigneur de Curne et de Sherpenberg, mort en 1586, et de Isabeau Hanette, dite de Bercus, dame de Hautecourt, décédée en 1563. Il avait eu :

1° Jean, qui suit ; 2° Jacques, seigneur de Hautecourt, mort à marier ; 3° Pierre, seigneur de Walcape, décédé le 21 septembre 1625 ; 4° Marie qui s'allia le 5 août 1607 à Jean

1. Harchies : écartelé aux 1 et 4, d'or à cinq bâtons de gueules, au canton du même ; aux 2 et 3, échiqueté d'or et de gueules.

2. Tollenaere : de sinople, à trois chevrons échiquetés d'argent et de gueules de deux traits. Le Blond, *Quartiers généalogiques*, II, 295 et 296.

d'Enghien, dit de Kestergate, écuyer, seigneur de Brugelels, veuf de Françoise de Hertaing.

VI. — Jean de Failly, chevalier, seigneur de Bernissart, mort le dernier de sa maison le 28 mai 1633, laissant de Marie de Goëgnies [1], dame de Sostville, fille de Philippe-Adrien, chevalier, seigneur du Fay et Sostville, et de Marguerite Le Baron, dame de Brunemont : Marie, dame de Bernissart, qui épousa en 1635 Hermann-Claude de Mulendonck-Mierlaër [2], baron de Pesch, dont :

1° Louis-Hermann-François, comte de Mulendonck, allié à Isabelle Philippine Thérèse de Mailly, fille de Guillaume, marquis de Mailly et d'Isabelle de Croy-Solre, et père de Marie-Marguerite-Louise, comtesse de Mulendonck, marquise du Quesnoy, qui épousa le 15 juillet 1716, Philippe-Emmanuel-Alexandre, prince de Croy-Solre, lieutenant-général au service de France, décédé le 31 octobre 1723, et fut mère d'Emmanuel, duc de Croy.

2° Marguerite-Louise, mariée à Eugène-Louis de Berghes-Saint-Winnoc [3], prince de Rache (1681), colonel d'infanterie, Grand bailli du Hainaut (1682), chevalier de la Toison d'Or (1687), mort à Mons sans postérité le 14 avril 1688.

1. Goëgnies : d'azur à la croix ancrée d'argent. Le Blond, *Quartiers généalogiques*, II, 298.
2. *Fragments généalogiques*, II, 220.
3. Suite du Supplément au nobiliaire des Pays-Bas, t. IV, p. 249.

CHAPITRE VI

PIÈCES JUSTIFICATIVES

Nomination à l'abbaye de Saint-Thierry de Reims (1431). — Nomination à l'évêché de Tournai. — Légitimation par le duc Philippe de Bourgogne (23 septembre 1461). — Légitimation par le roi Louis XI (septembre 1461).

I

Nomination à l'abbaye de Saint-Thierry de Reims (1431).

Eugenius etc. Dilecto filio Guillermo Abbati Monasterii sancti Theoderici ordinis sancti Benedicti Remensis diocesis Salutem etc. Inter solicitudines etc. Dudum siquidem quondam Fulcaud Abbate Monasterii sancti Theoderici ordinis sancti Benedicti Remensis diocesis regimini ipsius monasterii presidente, Nos cupientes eidem Monasterio cum vacaret per apostolice sedis providenciam utilem et ydoneam presidere personam, provisionem ipsius Monasterii ordinationi et dispositioni nostre duximus ea vice specialiter reservandam, decernentes ex tunc irritum et inane si secus super hiis per quoscunque quavis auctoritate scienter vel ignoranter contingeret attemptari. Postmodum vero prefato Monasterio per ipsius Fulcaudi Abbatis obitum, qui extra Romanam Curiam diem clausit extremum, Abbatis regimine destituto, Nos, vacatione huiusmodi fide dignis relatibus intellecta, ad provisionem ipsius Monasterii celerem et felicem (de qua nullus preter nos hac vice se intromittere potuit sive potest, reservatione et decreto obsistentibus supradictis) ne Monasterium ipsum longe vacationis exponatur incommodis paternis et solicitis studiis intendentes, post deliberationem, quam de preficiendo eidem monasterio personam utilem et eciam fructuosam cum fratribus nostris habuimus diligentem, demum ad te Priorem Prioratus de Sermesiis ordinis s[ti] Benedicti Cathalaunensis diocesis ordinem ipsum expresse professum et in sacerdotio constitutum, cui de religionis zelo, litterarum sciencia, vite mundicia, honestate morum, spiritualium prudencia et temporalium circumspectione aliisque multiplicium virtutum donis apud nos fide digna testimonia perhibentur, convertimus oculos nostre mentis; quibus omnibus attenta meditatione pensatis, de persona tua nobis et eisdem fratribus, ob tuorum exigentiam meritorum, accepta, prefato Monasterio de dictorum fratrum consilio apostolica auctoritate providemus, teque illi preficimus in Abbatem, curam, regimen et administrationem ipsius Monasterii tibi in spiritualibus et temporalibus plenarie committendo, in illo qui dat gratiam et largitur premia confidentes quod, dirigente Domino actus tuos, prefatum Monasterium per tue circumspectionis industriam et studium fructuosum regetur utiliter et prospere dirigetur ac grata in eisdem spiritualibus et temporalibus suscipiet incrementa. Quocirca discretioni tue per apostolica scripta mandamus, quatenus impositum tibi a Domino onus regiminis dicti Monasterii suscipiens reverenter, sic te in eius cura salubriter exercenda diligentem exhibeas et eciam studiosum, quod Monasterium ipsum gubernatori provido et fructuoso administratori gaudeat se commissum, tuque, preter eterne retribucionis premium, nostram et apostolice sedis benevolenciam et graciam exinde consequi uberius merearis.

Datum Rome apud sanctum Petrum Anno Incarnationis dominice millesimo quadringentesimo tricesimo primo kalendis octobris. Anno primo.

Regest. Later. 306, ff. 63v-65.

II

Nomination à l'évêché de Tournai.

Pius etc... Venerabili fratri Guillermo episcopo Tornacensi salutem etc... Provisionis nostre debet provenire subsidio ut jus suum cuilibet conservetur. Hinc est quod nos tenorem quarumdam litterarum fe : rec : Martini predecessoris nostri in registro ipsius predecessoris repertum, pro eo sicut tua peticio nobis exhibita continebat, tu eodem tenore indigere ut asseris de registro ipso de verbo ad verbum transcribi et ad tue supplicacionis instanciam presentibus annotari fecimus qui talis est. Martinus episcopus servus servorum Dei dilecto filio Guillermo Galloysi priori prioratus de Sermesiis ordinis sancti Benedicti Cathalaniensis[1] diocesis salutem et apostolicam benediccionem. Religionis zelus vite ac morum honestas aliaque laudabilia probitatis et virtutum merita super quibus apud nos fide digno commendaris testimonio nos inducunt ut te specialibus favoribus et graciis prosequamur. Hinc est quod nos volentes te cum quo dudum ut asseris prioratum de Sermesiis ordinis sancti Benedicti Cathalaniensis diocesis qui conventualis seu dignitas seu personatus non existit, et ad quem quis per electionem non assumitur cujusque fructus redditus et proventus quinquaginta librarum turonensium parvorum secundum communem extimacionem valorem

1. *Sic.*

annuum non excedunt obtinente canonice prout obtines de presenti super defectu natalium quem pateris de presbitero et moniali ordinem sancti Benedicti expresse professa genitus, ut eo non obstantibus dignitatem abbatialem et quodcumque beneficium ecclesiasticum per monachos dicti ordinis gubernari consuetum etiam si dignitas prioratus prepositura aut decanatus conventualis existat et ad illud consueverit quis per electionem assumi eique cura immineat animarum si sibi alios canonice consecrentur vel assumereris, aut eligereris ad illa recipere et retinere ipsamque dignitatem abbatialem in spiritualibus et temporalibus regere et gubernare illique preesse libere et licite valeas apostolica fuit auctoritate dispensatum premissorum meritorum tuorum intuitu favore prosequi gratie specialis. Volumus et apostolica tibi auctoritate concedimus favore prosequi gracie specialis volumus et apostolica tibi auctoritate concedimus quod tu in quibuscumque beneficialibus graciis seu assequendis dignitatibus et aliis beneficiis quibuscumque super quibus ut prefertur tecum extitit dispensatum, nec non dispensationibus tibi per nos vel sedem apostolicam quomodolibet concedendis, ac per te seu pro te a nobis vel ab eadem sede seu alias impetrandis, nullam de defectu et dispensatione premissas mentionem facere tenearis, quodque ipse gracie et dispensaciones predicta inefficaces subrreticie aut invalide minime sint censende aut valeant reputari non obstantibus defectu predicto ac Pictavensis concilii et quibusvis aliis apostolicis nostrisque constitutionibus et ordinacionibus illis presertim quibus inter cetera voluimus et etiam ordinavimus quod per quancumque signatam per nos sub quacumque verborum forma etiam motu proprio super concessione seu dispensacione pro quibuscumque illegitimis cujuscumque gradus ordinis vel nobilitatis existitur, ut videlicet de defectu natalium quem paterentur in graciis sibi factis vel faciendis nullam tenerentur facere mentionem de cetero faciendam littere super concessione vel dispensacione nullatenus expedirentur. Et si forsan expedirentur quo ad hoc nullius existerent roboris vel momenti quibus hac vice dumtaxat derrogamus ceterisque contrariis quibuscumque. Nulli ergo omnino hominum liceat hanc paginam nostre voluntatis concessionis et derogationis infringere vel ei ausu temerario contraire; si quis autem hoc attemptare presumpserit indignacionem omnipotentis Dei et beatorum Petri et Pauli se noverit incursurum. Datum Rome apud sanctos apostolos tertiodecimo kal. Augusti, pontificatus nostri anno tertiodecimo. Ceterum ut earumdem litterarum tenore predictus sit insertus omnimodam rei seu facti certitudinem faciat apostolica auctoritate decernimus et illud idem robur ac eam vim eumdemque vigore dictus tenor per omnia habeat que haberent originales littere supradicte et eadem prorsus eidem tenori fides adhibeatur quandocumque et ubicumque in judicio vel alibi ubi fuerit exhibitus vel ostensus ei stetur firmiter in omnibus sicut eisdem originalibus litteris staretur si forent exhibite vel ostense. Per hoc autem nullum jus de novo acquiri volumus sed antiquum si quod habes tantummodo conservari. Nulli ergo etc. nostre constitucionis et voluntatis infringere etc. Si quis etc. Datum Rome apud sanctum Petrum. Anno M.CCCCLX° quinto idib. octobris anno tertio.

M. Anna.
J. de Mafris. E. de Porris.
Arch. Vaticano, Pii II Reg. 503, f° 313v.

III

Légittimacion de Messire Guillaume, évesque de Tournay
(par le duc de Bourgogne).

Phelippe, par la grâce de Dieu, duc de Bourgoingne, de Lothier, de

Brabant et de Lembourg, conte de Flandres, d'Artois, de Bourgoingne, Palatin, de Haynnau, de Hollande, de Zellande, et de Namur, marquis du Saint Empire, seigneur de Frise, de Salins et de Malines, savoir faisons à tous présens et avenir, Nous, avoir receu la supplicacion de Révérend Père en Dieu nostre amé et féal conseillier Guillaume, évesque de Tournay, chief de nostre conseil en l'absence de nostre chancellier, contenant que dez le temps de son enfance, il fut ordenez et renduz religieux de l'ordre monseigneur Saint Benoist, et depuis mis aux estudes où il s'est honnestement maintenuz et gouvernez, tellement que par sa diligence et bon estude il a acquis science et receu le degré de docteur en droit canon et autrement, en manière que par ces moïens il a esté en son temps pourveuz de pluseurs prelatures, dignitez et bénéfices, priorez, abbaïez et éveschiez tant en ce royaume comme dehors et derrenièrement de l'eveschié dudit lieu de Tournay avecques l'abbaye de Saint-Bertin en nostre ville de Saint-Omer qu'il tenoit par avant. Et pour ce, des biens qu'il a euz et acquis aux causes dessus dictes et aussi par son service et que il pourra avoir et acquérir d'oresenavant, disposeroit voulentiers tant pour le salut de son âme comme à ses parens et amis ausquelx il est et pourra estre tenuz ou temps avenir ; mais obstant ce que il est illégitime, procréé et né de couple illicite et deffendue, il doubte, combien que lui comme religieux, par concession et ottroy appostoliques à lui faiz, puist faire testament, il ne puist en noz pays et seignouries disposer de ses biens sans avoir et obtenu de nous nostre grâce et légitimacion, requérans humblement iceulx. Pour ce est-il que Nous, oye la supplicacion de nostre dit conseillier Guillaume, évesque de Tournay, considérans que par ses mérites et la grande recommendacion de sa personne en sens, prudence, loyaulté, science et bonne diligence il a esté promeuz ausdictes dignitez, prélatures et bénéfices et que pour ces causes l'avons ordené et constitué chief de nostre Conseil en absence de nostre dit chancellier, et pour les bons et aggréables services qu'il nous a faiz et désire faire, comme de ce sommes adcertenez, icelui Guillaume, évesque de Tournay, nostre conseillier de nostre certaine science, auctorité, puissance et grâce espécial avons légitimé et légitimons et le défault de sa nativité, encouru par le vice de nature et couple illicite, avons pour ses mérites et recommendacion de ses vertus, aboli et effacé, abolissons et effaçons du tout par ces présentes, voulans et lui ottroïans de nostre dicte grâce que comme personne légitime et habile, il puist de tous les biens qu'il a desjà acquis et qu'il acquerra ou temps avenir, par testament ou autrement ordener et disposer ainsi que bon lui semblera. Sauf et réservé les biens par lui acquis et acquérir qu'il a donnez ou donra au prouffit de l'église et pour l'accroissement du service divin. Voulans aussi et lui ottroïans que d'oresenavant il soit tenuz et réputez pour personne légitime et que aprés son trespas ceulx de son lignagne procréez ou à procréer en loyal mariage lui puissent succéder par droit de hoirrie en tous sesdits biens meubles et immeubles acquis et à acquérir et qui luy sont escheuz ou escherront, tout ainsi qu'ilz feissent ou peussent faire se ilz feust nez et procréez en loyal mariage, réservé ceulx qu'il aura acquis et donnez pour l'église et service divin comme dit est : sans ce que, soubz umbre dudit deffault de sa nativité, nous où noz successeurs y puissions ou doyons demander ou réclamer aucun droit ou temps avenir, ne que il soit tenus de faire autre déclaracion ou spécificacion de ses père et mère desquelz nous sommes assez advertiz et dont, pour certaines causes à ce nous mouvans, nous ne voulons autre déclaracion estre faicte. Et en oultre, avons ledit suppliant, de nostre plus ample grâce, affranchi et exempté, affranchissons et exemptons et mettons hors de la coustume et droit d'aubenage, main-morte, biens vacans ou espaves dont on use en aucuns noz pays et seignouries en quelque lieu que ce soit : nonobstant quelxconques constitucions, ordenances, statuz, droiz, usages et coustumes de lieux et de pays à ce contraire. Sans ce que ledit suppliant, nostre conseillier, soit pour les causes dessusdictes ou aucunes d'icelles, tenuz paier à nous ou à nosdits successeurs aucune finance, ores ou pour le temps avenir: laquelle finance, Nous, pour la loenge et recommendacion de ses vertuz, mérites et services dessusdits, lui avons, de nostre grâce, donnée remise et quittée, donnons, quittons et remettons par ces mesmes présentes, voulans qu'il en soit du tout tenuz quitte et paisible. Si donnons en mandement à noz amez et féaulx les gens des Chambres de noz Comptes et à tous noz justiciers et autres officiers ou à leurs lieuxtenans présens et avenir et à chascun d'eulx si comme à lui appartiendra, que, de nostre dicte grâce, légittimacion, exempcion, et affranchissement, don, ottroy et quittance, facent, seuffrent et laissent ledit suppliant nostre conseillier, ses hoirs et successeurs dessusdits joïr et user plainement et paisiblement, sans les traveillier, molestier ou empeschier autrement au contraire: nonobstant quelxconques ordenances faictes ou à faire sur la restrinction des dons de nostre demaine et de telles finances, lesquelles ne voulons préjudicier à l'effect et vertu de ces présentes et quelxconques paines et astrictions apposées pour la conservation d'icelles ordenances, par sèrement, privation d'office, d'amende ou autrement dont nous tendrons et désmaintenant tenons quant à ce nosdictes gens des Comptes, noz justiciers et autres noz officiers et chascun d'eulx ausquelx ce peut ou pourra touchier, en nous obéissant ou cas présent, pour quittes, absolz et deschargiez, et nonobstant aussi quelxconques lettres, mandemens ou deffences à ce contraires. Et afin que ce soit chose ferme et estable à tousjours, nous avons fait mettre nostre scel de secret à ces mesmes présentes. Sauf en autres choses nostre droit et l'autruy en toutes. Donné à Paris, le XXIIIe jour de septembre, l'an de grâce mil CCCC soixante et ung. Ainsi signé: Par monseigneur le Duc, le Sire de Croy, conte de Porcian et autres présens, J. MILET.

Archives du Nord. Chambre des Comptes de Lille. Art. B. 1608: 13e Registre des Chartes: folios 47 v° et 48.

Légitimation par Louis XI, 1461.

Congedium et facultas testandi pro Guillelmo episcopo Tornacensi.

Loys, par la grace de Dieu, roy de France, savoir faisons a tous présens et a venir nous avoir receue la dévote supplicacion de religieuse personne notre amé et feal conseiller Guillaume a présent evesque de Tournay, natif de notre royaume, contenant que des le temps de son enfance il fut ordonné et réduit religieux de lordre monseigneur saint Benoist et depuis mis aux estudes ou il sest honnestement maintenu et gouverné telement que par sa diligence et bonne estude il a acquis science et receu le degre de docteur en decret et aultrement telement que par ses moiens il a este en son temps pourvueu de plusieurs prelatures, dignitez et beneffices, priorez, abbayes et eveschiez tant en notre royaume comme dehors et derrenierement de l'eveschie dudit lieu de Tournay avec l'abbaye de sainct Bertin en Sainct Omer quil tenoit paravant en notre dit royaume et pour ce des biens quil a euz et acquis aux causes dessusdites et aussi pour son service et que il pourra avoir et acquérir doresenavant disposeroit voulentiers tant pour le salut de son ame comme a ses parens et amiz ausquelz il est et pourra estre tenu ou temps a venir, mais obstant ce quil est illégitime procréé et né de coupple illicite et defendue il doubte combien que luy comme religieux par concession et octroy appostolicques à luy faiz peust faire testament il ne peust en notre dit royaume disposer de ses biens sans avoir et obtenir de nous notre grace et légitimacion requiert humblement iceulx. Pour ce est-il que nous, oye la supplicacion de notre dit conseiller Guillaume, evesque de Tournay, considerans quil nous a fait le serment de feaulté qui estoit tenu nous faire a cause du temporel dudit eveschié et que à ce lavons benignement receu et comme il appartient ; considerans aussi que par ses merites et la grande recommendacion de sa personne en sens, preudance, loiaulté science et bonne diligence il a este promeu ausdites dignitez et prelatures et que pour ces causes notre tres chier et tres ami oncle le duc de Bourgoigne la ordonne et constitue chief de son conseil en absence de son chancellier et pour les bons et agréables services quil nous a faiz et desire faire comme de ce sommes acertennez icellui Guillaume evesque de Tournay de notre certaine science, plaine puissance et grace especial avons légitimé et légitimons es le desfault de sa nativité encouru par vice de nature et coupple illicite avons pour ses merites et recommandacion de ses vertuz aboly et effacie, abolissons et effaçons du tout par ces présentes voulans et lui octroyans de notre dite grâce que comme personne légitime et habile, il puisse de tous les biens qu'il a desia acquis et quil acquerra ou temps avenir par testament ou aultrement ordonner et dispocer ainsi que bon lui semblera sauf et réservé les biens par lui acquis et a acquerir quil a donnez ou donera au prouffit de l'eglise et pour l'accroissement du service divin, voulans aussi et lui octroyans que doresenavant il soit tenu et repputé pour personne légitime et que apres son trespas ceulx de son lignaige procreez ou a procréer en loial mariage lui puissent succéder par droit de hoirrie en tous ses biens, meubles et immeubles, acquis et a acquerir et qui lui sont écheuz ou écherront tout ainsi quilz foissent ou peussent faire se il fust né et procréé en loyal mariage reservez ceux quil aura acquis ou donnez pour l'église ou service divin comme dit est, sans ce que soubz umbre dudit deffault de sa nativité nous ou noz successeurs y puissions ou doyons demander ou reclaimer aucun droit ou temps avenir non obstans quelzconques constituçons, ordonnances, statuz, droitz, usaiges et coustumes à ce contraires, et sans ce quil soit tenu de faire autre déclaracion ou spécificacion de ses pere et mere desquelz nous sommes assez advertiz et dont pour certaines causes à ce nous mouvans nous ne voulons autre declaracion estre faicte. Et sans ce que ledit suppliant notre conseiller soit pour ce tenu paier a nous ou a nosdits successeurs aucune finance ores ou pour le temps avenir, laquelle finance, Nous pour la louenge et recommandacion de ses vertuz, mérites et services dessusdits lui avons de notre graice donnee remise et quictee, donnons quictons et remectons par ces mesmes présentes voulans quil en soit du tout tenu quicte et paisible si donnons en mandement a nos amés et feaulx les gens de nos comptes et trésoriers a Paris et a tous nos autres justiciers et autres officiers ou a leurs lieuxtenans présens et avenir et à chacun deulx si comme a lui appartiendra que de notre grace, legitimacion, don, octroy et quictance facent, seuffrent, plaissent ledit suppliant notre conseiller, ses hoirs et successeurs joir et user plainement et paisiblement sans les travailler, molester ou empescher aucunement au contraire non obstant quelzconques ordonnances faictes ou à faire lesquelles ne voulons préiudicier à leffect et vertu de ces présentes et non obstant aussi quelzconques lettres, mandements ou deffences à ce contraire. Et afin que ce soit chose ferme et estable à tousiours nous avons fait mectre notre scel à ces mesmes presentes sauf en autres choses notre droit et dautruy en toutes. Donné à Paris ou mois de septembre de lan de grace mil CCCC soixante et ung et de notre règne le premier aussy. Signé par le Roy, les sires de Croy, Dulace, de Hennoir, grands pairs. I Bourre visa.

198. CC.XXII. Arch. Nat.

L'INTRODUCTION DE L'ART FRANÇAIS

A DUNKERQUE ET A SAINT-OMER

PROUE DU VAISSEAU L'ASSURE
3. Rang
84

L'INTRODUCTION DE L'ART FRANÇAIS

A DUNKERQUE ET A SAINT-OMER

Bien que je me sente très imparfaitement qualifié, par l'insuffisance certaine de mes connaissances en la matière, je ne puis me refuser à écrire ces quelques pages sur l'introduction de l'art français dans les villes de Dunkerque et de Saint-Omer : d'abord parce qu'elles m'ont été demandées avec une instance telle qu'il y aurait bien mauvaise grâce de ma part à ne point déférer à un désir si aimablement exprimé ; puis, en raison de l'intérêt que peut offrir un rapprochement (je ne dis pas un *parallèle*) entre deux cités si voisines et pourtant si dissemblables : l'une acquise des deniers royaux en 1662, l'autre conquise en 1677 ; la première, port de guerre et de commerce relativement moderne ; la seconde, vieille cité abbatiale et épiscopale : mais toutes deux également remarquables par l'attachement héroïque qu'elles ne tardèrent pas à vouer à la France leur nouvelle patrie, et dont elles donnèrent des marques éclatantes, Dunkerque pendant le bombardement de 1695, et Saint-Omer lors de l'investissement de 1710.

12

I

Il convient de remarquer tout d'abord que la francisation de l'architecture, dans les villes de la région du Nord, ne put s'opérer que fort lentement : ce fait s'explique aisément si l'on veut bien songer que, dans ces cités abondamment peuplées, et resserrées en même temps dans une étroite ceinture de fortifications, les terrains à bâtir étaient parcimonieusement mesurés, et les façades nécessairement restreintes : aussi, le genre de construction légendaire, dénommé *pignon sur rue*, était-il commandé moins par les traditions que par les circonstances. On sait le parti pittoresque que sut tirer de cette disposition générale le style hispano-flamand, et certaines places publiques de Bruxelles et d'Arras en donnent de merveilleux exemples. L'art français eut donc à lutter contre une architecture ancestrale qui s'était avant tout inspirée des nécessités locales.

Quand elle fut définitivement acquise par Louis XIV, — qu'on ne manqua pas de comparer alors, suivant l'usage mythologique en vogue, à Jupiter subjuguant Danaë sous une pluie d'or, — la ville de Dunkerque nous avait déjà appartenu par trois fois, en 1558, de 1646 à 1652, enfin en 1658. Mais, de ces trois premières emprises françaises, il n'était guère resté que des souvenirs numismatiques.

C'est donc en 1662 que commença pour Dunkerque le siècle de Louis XIV ; et encore n'est-ce que de la paix d'Aix-la-Chapelle que date la grande prospérité de la ville.

Le roi, convaincu des services que pourrait rendre cette nouvelle acquisition, résolut d'en faire non seulement une place forte redoutable, mais encore un grand port de guerre, et il vint lui-même, le 30 mai 1670, donner un coup d'œil aux fortifications et à l'Arsenal commencé l'année précédente. Toutefois, c'est surtout à la suite d'une nouvelle visite de ce Prince, en avril 1677, que furent résolus les grands travaux du port dont Vauban fut chargé, en même temps que la construction du Pavillon Royal qui coûta 80.000 livres. L'on conserve encore les plans de la caserne du bastion d'Anjou, portant la signature du grand ingénieur militaire et la date du 2 novembre 1684.

D'autres quartiers aussi sont de cette époque, dont le plus remarquable est celui de la rue Saint-Sébastien, siège actuel de l'Intendance, avec son pavillon d'officiers où se trouvent aujourd'hui le Cercle et l'État-Major de la place.

Il ne faut pas oublier certaines portes de la ville : celle du port, dite de Jean-Bart, qui a été réédifiée dans la cour du nouvel Hôtel de Ville ; et celle de Nieuport, dont les motifs décoratifs furent appliqués, lors de sa démolition en 1777, sur la façade d'un pavillon d'officiers transformé en théâtre.

Quant au pavillon ou Maison du Roi, dont les bâtiments furent reliés à ceux de l'Intendance de la Marine, il faut se demander si Louis XIV y habita jamais, car il semble peu probable qu'il ait pu les occuper dès la fin de juillet 1680, date de son dernier séjour à Dunkerque. Mais cet édifice servit sous son règne au logement de l'Électeur de Cologne, reçu au parc de la Marine par M. de Gatine, le 29 avril 1704, et du prétendant d'Angleterre qui s'y installa du temps de M. du Guay, du 9 au 17 mars 1708.

C'est seulement en 1686 qu'on traça le bassin de la Marine, destiné à contenir environ vingt-quatre vaisseaux de guerre à flot. Il était entouré sur trois faces par divers bâtiments simples, mais imposants par leur masse et leur ensemble : la corderie, le hangar aux mâts, le magasin général et les magasins particuliers des vaisseaux. Il communiquait, sur le quatrième côté, avec le port, par une vaste écluse. Commencés en 1685, les travaux furent seulement terminés en 1701, ainsi que nous l'apprend cette inscription conservée aujourd'hui au Musée :

LUDOVICUS MAGNUS
UTROQUE MARI VICTOR
FOSSA INTER AGGERES DUCTA
PORTU AMPLIFICATO
ARMAMENTARIUM HOC NAVALE
EXTRUXIT ANNO MDCCI

Les dernières constructions du parc de la Marine disparurent en 1896, après deux siècles d'existence, et il n'en reste aujourd'hui que les deux pavillons d'entrée.

Autrement éphémères encore furent les splendides vaisseaux que l'on y bâtit. Dans ce temps de guerre « en dentelles », si les canons étaient ciselés comme des bronzes d'art, les nefs étaient couvertes de sculptures et rehaussées de dorures dont l'exécution réclamait de véritables maîtres.

C'est ce qui fit envoyer à Dunkerque un sculpteur de grand talent, tige de l'une des plus remarquables familles d'artistes dont la France se soit enorgueillie au XVIIIe siècle : je veux parler de Philippe Caffieri.

Né à Rome, en 1634, il avait été attiré en France dès 1660 par Mazarin pour y travailler, d'abord aux Gobelins, sous la direction de Le Brun dont il épousa bientôt une cousine germaine. Après avoir exécuté quantité de meubles et de motifs d'ornementation pour le Louvre, les Tuileries, les châteaux de Saint-Germain, de Versailles, de Marly, de Trianon, il fut appelé par deux fois, en 1676 et 1684, à décorer de riches chaloupes faisant partie de la flottille du Grand Canal. Il fut employé à cette petite Venise jusqu'en 1687 et y orna notamment une grande gondole, une « Dunkerquoise », enfin une chaloupe pour M. de Langeron, lieutenant-général des armées navales.

C'est sans doute cet officier qui le fit désigner, le 1er novembre 1687, comme maître sculpteur de la Marine au Havre, d'où il fut nommé à Dunkerque, le 24 mars 1688, pour terminer dans cette ville sa carrière d'artiste : car c'est en vain que Brest chercha à l'enlever en 1689. Il y eut pour collaborateur son fils aîné, François-Charles, qui lui succéda comme ingénieur-dessinateur de la Marine et sculpteur des vaisseaux du Roi, le 14 avril 1714, et qui y demeura lui-même jusqu'au 26 janvier 1717.

J'ai retrouvé les devis de vingt-cinq bâtiments : soit six vaisseaux, sept frégates et douze barques longues, construits par Henri Houwens, dit Hendricq, et son fils, de 1688 à 1692, et ornés de sculptures par Caffieri. Ces chiffres peuvent donner une idée de ce qu'était à cette époque l'activité des chantiers de la marine à Dunkerque.

Elle ne suffisait pas pourtant à l'artiste, car il travailla également, le 15 décembre 1700, pour la porte de l'Arsenal, à un projet auquel on préféra, sans doute par raison d'économie, celui qui fut exécuté. Comme c'est là le seul vestige important de cet établissement, cette détermination est d'autant plus regrettable que l'exécution du devis primitif eût doté Dunkerque d'un véritable arc de triomphe maritime, à en juger par cette description :

« Faire le fronton de la dite porte de 18 pieds ou environ de longueur, sur 6 pieds 1/2 de hauteur, et, au milieu, une proue de vaisseau à la romaine, où seront les armes de S. M. complétées de ses ordres et couronnées de la couronne royale, posant sur un gros rouleau, ayant, des deux côtés de la proue, une nymphe de la mer d'une part, et un triton de l'autre enrichis de queues de poissons, et accompagnés de petits amours marins qui se présentent du corail, des coquilles et autres richesses de la mer...

« Faire aux deux côtés de la porte, sur des arrière-corps, deux gros dauphins de 7 pieds de hauteur, de ronde-bosse, accostant au mur de la porte, enrichis de leurs nageoires et arêtes, posant leurs muffles sur un peu de mer faisant chute...

POUPE DU VAISSEAU L'ASSURÉ
3e Rang

POUPE DU VAISSEAU L'ASSURE
3. Rang

« Faire dans la clef, au haut du ceintre, du côté de la rue de Berry, une tête de Neptune qui aura 21 pouces de hauteur, enrichie d'une commode de roseaux... »

Entre temps, Caffieri employait ses loisirs à sculpter, avant 1698, sur l'ordre de l'intendant Céberet, un lustre de bois doré pour la Maison du Roi ; puis, reprenant ses travaux d'art sacré, comme il en avait exécuté à Versailles dans les églises de la paroisse et des Récollets, à ornementer, en 1696, un banc de communion pour la chapelle du Saint-Sacrement à Saint-Éloi. Il est donc permis de croire que, parmi les boiseries anciennes, religieuses ou profanes, conservées à Dunkerque, il en est de la main des Caffieri ou des élèves qu'ils ont dû former.

Nous citerons surtout, dans l'hôtel de l'Intendance de la Marine : cinq charmantes consoles, dont deux, décorant la salle à manger, sont restées dans leur état primitif ; la splendide bibliothèque, installée aujourd'hui dans l'ancienne chambre royale, composée de cinq armoires se faisant suite ornées de dix portes, et de deux autres corps plus élevés à un seul battant formant trumeau ; enfin, dans toutes les pièces du premier étage de cette habitation, des boutons de porte et des entrées de serrure en cuivre finement ciselé, qui doivent être de Jacques Caffieri, fondeur-ciseleur, fils de Philippe.

On peut se demander encore s'il ne faut pas voir une œuvre des sculpteurs de la Marine dans les confessionnaux de Saint-Jean-Baptiste, dont l'un porte les armes des Faulconnier, bien que leur exécution semble avoir trahi des dessins d'un style pur et original.

Dunkerque ne fut pas seulement le théâtre des exploits artistiques de Philippe Caffieri, mais encore sa seconde patrie. Il y maria son fils aîné avec Anne Dézérable, fille du fournisseur de chanvre du parc de la Marine, et deux de ses filles, Marie-Jeanne et Catherine : l'une avec Pierre de Landré, lieutenant du port et chevalier de Saint-Louis ; l'autre avec François Saussez, maître peintre de la Marine. Enfin Philippe, son second fils, allié à une demoiselle Nicole Bouquigny de Saint-Omer, successivement changeur de S. M. puis directeur des Postes et Paquebots d'Angleterre, a laissé dans la région une fort nombreuse postérité.

L'Intendance et l'Arsenal de la Marine furent donc à Dunkerque comme un foyer de l'art français, qui se répandit de là dans la ville. Parmi les autres édifices publics qui s'inspirèrent des goûts d'architecture alors à la mode, il faut citer l'ancienne mairie, bâtie en 1710 ; l'Intendance de terre, restaurée en 1739, qui, après avoir abrité Pierre le Grand en 1717, servit de demeure à Christian VII de Danemark en 1768 ; la Bourse édifiée en 1754 et décorée en 1758 de peintures dues à un artiste dunkerquois Jean-Baptiste Decamps ; l'ancienne chambre de pilotage qui date de 1758 ; enfin la douane construite en 1778.

Mais, le plus remarquable édifice datait de la fin du XVIIIe siècle : c'était le portail de Saint-Éloi, avec sa majestueuse colonnade et ses campaniles en forme de baptistère, qui coûta 800.000 francs. Commencé en 1782, sur les plans du célèbre architecte Louis, et sous l'administration de

CAFFIERI

Panneau de Bibliothèque

M. de Calonne, intendant de Flandre, il était terminé deux ans plus tard puisque, le 24 octobre 1784, Bertrand Thierry, doyen, curé de la ville, procéda à la bénédiction de l'église, sur la délégation de Mgr de Wavrans, évêque d'Ypres, en présence de M. Esmangart, intendant de la province, du commandant de la place, et de M. Laviolette de Nerbec, grand bailly. L'on sait que ce monument a disparu depuis quelques années ; mais il en reste une belle gravure de Varin, d'après un dessin de Louis Grave.

Les traditions laissées par les Caffieri étaient déjà bien oubliées alors, puisque l'on dut avoir recours en 1777, pour sculpter la chaire de Saint-Éloi moyennant 600 livres, à un artiste ardennais, patronné par Louis-Philippe Titeux, et connu par ses travaux à la nouvelle église Sainte-Geneviève de Paris.

Armateurs, négociants ou consuls des nations étrangères, les habitants les plus riches de Dunkerque, absorbés par leurs affaires, déployaient peu de luxe dans leurs habitations ; aussi, parmi les demeures particulières, ne convient-il de citer que quelques exemples : la maison mortuaire de Jean-Bart, construite par son frère Gaspard, rue de Bar, aujourd'hui Royer ; un hôtel rue Soubise ; quelques jolies façades Louis XVI, rue Nationale, rue de l'Ancienne-Comédie, et rue des Vieux-Quartiers ; et surtout une très belle habitation du même style, voisine de la Bourse, rue de l'Église.

Mais, la construction la plus élégante et la plus complète

du XVIIIe siècle se trouve à Saint-Pol, dans le cadre d'un joli parc à la française. C'est la maison de campagne de Thoorengat ou Dornegat, édifiée en 1781 par le bourgmestre Charles-Pierre Thierry, frère puîné du curé de Saint-Éloi. Elle était habitée par son gendre, Louis-Marie Daniel de Guiselin, ancien page de la Grande-Écurie du Roi, et ancien colonel de la Garde Nationale du Calaisis, lorsqu'elle servit de quartier général à Napoléon le 7 août 1804.

L'on ne saurait oublier, enfin, le bel ordonnancement de la Place Dauphine, aujourd'hui Place du Théâtre, achevée en 1682 et plantée de tilleuls en quinconce formant broderies, qui en faisaient une belle promenade agrémentée de bancs en pierre de taille. Tout cela a disparu : il n'en reste que le souvenir entretenu par une intéressante gravure de la *Description historique de Dunkerque* par le grand bailly Faulconnier.

A propos de l'art français à Dunkerque et dans les environs, il faut accorder une mention toute spéciale aux superbes mausolées en marbre du Gouverneur de Gravelines, Pierre-Claude Berbier du particule Metz, lieutenant-général tué à Fleurus en 1690. Érigé dans l'église paroissiale de cette ville, il se compose d'un médaillon représentant le buste du personnage. Cet ovale est couronné d'un casque et flanqué d'étendards ; deux petits anges le soutiennent, dont l'un est endormi, — symbole de la mort, — et dont l'autre, pleurant comme le célèbre enfant de la cathédrale d'Amiens, tient entre ses mains un sablier, — emblème du temps.

II

A Saint-Omer, où l'abbé de Saint-Bertin avait tenu autrefois le premier rang, l'évêque, après la translation dans cette ville du siège épiscopal de Thérouanne, ne devait pas tarder à prendre une place prépondérante ; et le roi, qui obtint du pape Innocent IX de nommer lui-même les titulaires, dut, par politique, favoriser cette ascension. En fait, il désigna successivement pour cette dignité trois hommes également distingués par leurs mérites et leur naissance.

Ce fut d'abord Armand-Anne-Tristan de La Baume de Suze qui, de 1677 à 1684, administra le diocèse comme vicaire général, n'ayant pu obtenir ses bulles.

Après lui, fut nommé Louis-Alphonse de Valbelle-Montfuron, évêque de 1684 à 1708, qui marqua l'avènement sur ce siège de la dynastie des Valbelle, car il eut pour successeur son cousin issu de germain, François de Valbelle-Tourves, d'abord aumônier du roi comme lui, et maître de l'oratoire de S. M. remplacé en 1727 par son propre neveu, Joseph-Alphonse, mort seulement en 1754. Pendant ces soixante-dix ans d'épiscopat, les Valbelle, suivant leur historien M. l'abbé Bled, « dotèrent comme à l'envi leur ville épiscopale de fondations charitables et l'enrichirent d'édifices qui font encore aujourd'hui son principal ornement ».

Depuis le départ de Jacques-Théodore de Bryas, en mars 1675, les bâtiments inoccupés de l'évêché avaient été utilisés comme magasins à l'époque du siège mémorable de 1677, et se trouvaient dans un délabrement complet quand Louis XIV y descendit après la conquête. Aussi, pour aider à leur reconstruction, autorisa-t-il « Monsieur de Saint-Omer », comme l'on disait alors, à emprunter 20.000 livres sur les fermes de l'évêché. Les travaux commencés par Mgr de la Baume de Suze, qui fit bâtir le quartier donnant sur le jardin, ne furent terminés qu'en 1700 par Louis-Alphonse de Valbelle. La majestueuse façade du Palais de justice actuel, donnant sur la cour et portant sur son fronton l'emblème et la devise de Louis XIV, aurait été dessinée par Jules Hardouin-Mansart, le célèbre architecte des châteaux de Marly et de Trianon et des places Vendôme et de la Victoire. Mais les dépendances et communs ne furent terminés qu'en 1740, sous le dernier Valbelle, ainsi que l'établit le millésime inscrit au-dessus du cadran solaire faisant face à l'édifice.

Louis-Alphonse de Valbelle devait intervenir aussi, de 1700 à 1702, auprès de M. Le Pelletier, pour obtenir, en faveur du magistrat de la Ville, des fonds destinés à la construction de casernes. Mais sa grande œuvre allait être la fondation de l'hôpital général, sur le terrain du refuge des Chartreux de Longuenesse, acquis par lui en 1699. L'établissement fut officiellement ouvert le 16 mars 1704 ; toutefois, les imposantes constructions existant encore sur la rue Saint-Sépulcre, furent érigées seulement par son second successeur, Joseph-Alphonse, en partie avec des fonds légués par son oncle. C'est ce que rappelle l'inscription qui se lit au-dessus de la porte principale du monument :

> Primus fundat opus, bene ditat prodigus alter,
> Tertius ædificat : tres habet una domus.

Nous n'avons pas à entrer ici dans le détail des autres établissements consacrés à la bienfaisance ou à l'instruction gratuite, fondés ou soutenus par les Valbelle, puisque nous nous plaçons uniquement au point de vue artistique.

L'influence qu'ils excercèrent grâce à leurs puissantes relations tant à la Cour, dont les deux premiers avaient fait partie, que dans l'Église de France (François et Joseph-Alphonse étant parents de l'archevêque de Paris, Charles-Gaspard-Guillaume de Vintimille du Luc), leur permit d'imposer en quelque sorte à Saint-Omer le style français, dont l'évêché et l'hôpital général furent, avec le collège des Jésuites, transformés en hôpital militaire, les premiers et les plus beaux spécimens.

De nombreuses maisons à pilastres Louis XIV sont là pour attester la véracité de ce fait : rue Basse (rue Allent), rue du Change ou des Cuisiniers (rue Louis-Martel), rue du Commandant (rue Carnot), etc... Suivant l'exemple donné par les évêques, une grande famille des environs, les Trazegnies, alliés depuis aux Princes de Croy et de Ligne, et, par ces derniers, à la Maison de Habsbourg, firent partiellement rebâtir, en 1778, l'hôpital Saint-Jean qu'ils enrichirent sans doute de la belle façade de transition sur la rue Haute (rue Wissocq).

La bourgeoisie de Saint-Omer était riche et jouissait de privilèges si enviables que les représentants de la noblesse des environs, qui habitaient là où ils avaient des intérêts, ne dédaignèrent pas de s'y agréger. Certaines pages du *Livre aux bourgeois* de la ville ne dépareraient pas l'armorial d'Artois. Dans ces conditions, l'on conçoit que bien des maisons d'éducation aient eu du style. Mais c'est surtout dans la seconde moitié du XVIIIe siècle que le luxe s'en généralisa.

La plus belle demeure privée date de 1766 et fut construite par Mme de Fiennes, vicomtesse de Fruges, sur l'emplacement de l'ancien hôtel du Gouverneur. Le Musée y est installé aujourd'hui : c'est un édifice comparable aux plus intéressantes constructions du Marais à Paris, et son aménagement intérieur devait être en rapport avec la beauté de sa façade, à en juger par les belles boiseries de la salle à manger, qui ont été conservées.

D'autres jolis hôtels et d'élégantes maisons se trouvaient encore dans la même voie et rue des Capucins (rue de Dunkerque), rue Haute, rue Saint-Bertin, rue des Ursulines (rue Gambetta), rue du Damier (rue Guillaume-Cliton), et même quai du Haut-Pont. Ces demeures révèlent en général un Louis XV un peu lourd et maniéré, qui tient le milieu entre le pur style français et le rococo allemand, dont le château de Nymphenbourg, près de Munich, est le meilleur modèle.

Comme édifices publics, l'on ne peut guère citer que le Château d'Eau de la Petite-Place (Place Victor-Hugo), remontant à 1756 et installé devant le chevet de l'église Sainte-Aldegonde ; puis la très jolie construction du bailliage élevée en 1786 sur la Grand'Place, grâce aux libéralités de Louis XVI, ainsi que le constate ce chronogramme :

LVDoVICI xvi MVnIfICentIa

On sait avec quel soin l'administration de la Caisse d'Épargne de Saint-Omer la fit restaurer dernièrement pour y installer ses services.

Les environs possèdent encore le château de Salperwick, ancienne maison de campagne de l'abbaye de Saint-Bertin, réédifiée en 1751 par l'abbé Charles de Gherboode, où fut reçu, en 1755, le prince de Soubise, gouverneur de Flandre, père de la dernière princesse de Condé. Environ cinquante ans plus tard, Napoléon devait s'y arrêter ; puis le vaste château de Moulle, qui appartenait à la famille de Beauffort, laquelle occupa à Saint-Omer les plus hautes charges municipales ; l'abbaye Saint-Colombe de Blendecques, avec son imposant corps de logis et sa porte monumentale flanquée de deux pavillons. Dans cette même localité, la coquette « folie » de Westove, datée de 1773 ; enfin le splendide château de Bomy, construit par cette même maison de Trazegnies, qui dota l'hôpital Saint-Jean : c'est là certainement l'habitation seigneuriale du

XVIIIe siècle la plus remarquable de tout l'arrondissement, avec sa haute et régulière façade artistement décorée, et ses ailes gracieuses en hémicycle.

A Aire-sur-la-Lys, l'on remarque que l'élan de la francisation de l'architecture fut assez rapide par la comparaison de l'église des Jésuites, de pur style hispano-flamand, — construite de 1682 à 1688 par Marie de Caverel, veuve de Philippe de Baudequin, — avec l'Hôtel de Ville, si franchement français, élevé par les soins du mayeur et des échevins, dont les plans dessinés par Hanotte, élève de Mansart, et modifiés par Heroguel d'Arras, furent exécutés de 1716 à 1721 par un Airois, Pierre-Joseph Descamps d'Estape. Malgré sa lourdeur, cet édifice, avec son fronton monumental largement sculpté, et l'élégant beffroi dont il fut complété en 1724, ne manque pas de grandeur. C'est d'ailleurs le seul Hôtel de Ville français de la région.

Il faut noter aussi le louable effort qui fut fait pour harmoniser la place sur laquelle il s'élève, par l'adoption de façades uniformes à pilastres, dont un bon nombre subsistent encore.

A Saint-Omer, les enseignes elles-mêmes subirent l'influence de la conquête, ainsi que le prouvent celles du Changeur, à l'angle de la Grand'Place et de la rue du Change.

Tout cela ne se fit pas sans attirer dans la ville une colonie de tailleurs ou sculpteurs de pierre, généralement originaires des environs de Marquise. Il en est un dont le nom devait acquérir, à la fin de l'ancien régime, une triste notoriété : je veux parler de Jean-Jacques Bebette, né à Ferques, mort à Saint-Omer en 1763, dont le fils Jean-Charles-Vincent, successivement clerc de procureur, chirurgien, romancier et publiciste, mais surtout aventurier, se fit connaître sous le nom d'Étienville comme l'un des comparses du procès du collier.

C'est surtout la sculpture sur bois qui devait avoir à Saint-Omer une remarquable floraison au XVIIIe siècle.

A l'époque du siège de 1677, le Chapitre de la cathédrale venait de commander un nouveau jubé, — enlevé en 1763 et dont il ne reste aucune trace, — au sculpteur, aujourd'hui inconnu, nommé Octave Henri. L'on sait seulement que cet ouvrage fut boisé par Jean Vausel et peint par François Elbo, en 1704-1705.

Mais, quelques années plus tard, une famille d'artisans et d'artistes devait s'illustrer, tout en ornant la basilique par la construction du splendide buffet d'orgues, qui subsiste encore. Cette œuvre remarquable fut exécutée moyennant 6.300 livres, suivant un accord passé le 17 février 1716, entre le Chapitre et les constructeurs : Jean Piette, maître menuisier ; ses fils, Antoine-Joseph et Jean-Henri, l'un maître sculpteur, l'autre menuisier ; et enfin son gendre, Jacques-Joseph Baligant, sculpteur. Dans ce prix, étaient compris « tous les ornements en sculpture qui doivent accompagner tout l'ouvrage, comme aussi toutes les figures tant grandes que petites, au nombre de 24, de la hauteur et proportion conformément au modèle »..... Il convient d'ajouter à la somme en question 189 livres payées à François Elbo pour la dorure des buffets et des figures, et 193 livres 8 s. à Jean-Henri Piette pour vernir les grandes orgues.

La date de ce dernier travail établit que l'ensemble était entièrement terminé en 1722. Ce fut un véritable tour de force, car l'ornementation comprenait neuf statues colossales, comme celles de saint Pierre et saint Paul, placées sur le fût des colonnes supportant la tribune; de l'Espérance et de la Charité, à la hauteur du petit buffet; un Rédempteur, deux anges sonnant de la trompette, David et sainte Cécile, au sommet du grand buffet; enfin, sept statuettes plus petites de chérubins, porteurs d'instruments de musique, sans compter des cariatides et des supports.

Assurément, Antoine-Joseph Piette, mort à 73 ans en 1755, et Jacques-Joseph Baligant, son collaborateur, décédé à 60 ans en 1753, étaient deux grands artistes. Le premier ne put certainement pas trouver dans sa ville natale un maître capable de lui enseigner son art, et il ne dut pas prendre ses inspirations auprès de son beau-frère qui n'avait que 23 ans au moment de la commande. Aussi peut-on se demander si Piette ne fut pas attiré à Dunkerque par la réputation de Caffieri qui avait précisément marié un de ses fils à Saint-Omer en 1702. Il y a là un intéressant problème à éclaircir, et il serait piquant d'établir que le grand atelier de sculpture religieuse de Saint-Omer puisa certains principes à l'école d'un artiste romain qui s'était francisé aux Gobelins sous Le Brun.

Le sculpteur Piette attacha encore son nom à d'autres œuvres intéressantes disséminées dans la ville et dans ses environs. La chaire de la cathédrale, dont le pavillon est surmonté par une Foi monumentale, complète parfaitement le buffet d'orgues. Notre artiste fut également chargé en 1731-1732 d'étudier, pour le chœur de cet édifice, un plan de remaniement au sujet duquel Joseph-Alphonse de Valbelle, alors coadjuteur, fut consulté par le Chapitre. Mais ce travail ne fut exécuté que plus de vingt ans après, et sans doute Piette se trouva-t-il trop âgé pour s'en charger, car il fut confié au sculpteur Chifflart et au menuisier Boidart. La dépense, s'élevant à 1.200 livres, fut supportée par la succession du dernier Valbelle.

Il y aurait encore une étude bien curieuse à écrire sur les manufactures de faïence de la région audomaroise. Celle de Saint-Omer, établie au Haut-Pont où il existe encore une rue de la Faïencerie, s'empressa d'adopter les formes et les décors français, comme le prouvent de nombreux et intéressants échantillons conservés au Musée de la ville. Si la serrurerie n'était pas florissante alors à Saint-Omer, puisque l'on dut avoir recours à des ferronniers étrangers pour les grilles destinées aux églises Notre-Dame et Saint-Bertin, en revanche l'orfèvrerie y était dignement représentée, car un sieur Legaigneur reçut en 1753-1754 la commande de quatre énormes candélabres d'argent à trois branches entrelacées, qui furent placés sur les gradins du maître-autel de la cathédrale, et coûtèrent la somme considérable de 14.723 livres 9 s. 9 d., sans compter 1.319 livres de matière fournie.

***

C'est ainsi que la France, après l'acquisition de Dunkerque et la prise de Saint-Omer, en entreprit la conquête artistique, facilitée d'ailleurs par le déclin, l'on pourrait même dire la la décadence, de l'école flamande, sensible dès la fin du XVIIe siècle. Et la Flandre annexée — je ne dis pas vaincue — ne put prendre sur la France la même revanche que la Grèce sur Rome. Il est une troisième victoire, littéraire celle-là, qu'il convient encore de mettre à notre actif.

Et il serait bien curieux d'étudier comment la langue flamande recula devant nous, après nous avoir été longtemps opposée comme une barrière fragile, par les Espagnols. Il y eut de ce côté, sur notre frontière, un mouvement linguistique de flux et de reflux.

TABLE DES GRAVURES

TABLE DES MATIÈRES

MACON, PROTAT FRÈRES, IMPRIMEURS

www.ingramcontent.com/pod-product-compliance
Ingram Content Group UK Ltd.
Pitfield, Milton Keynes, MK11 3LW, UK
UKHW020606180726
13838UKWH00001B/454

9 782329 261485